KEXUE TANSUO YU FAXIAN XILIE

科学探索与发现系列

世界名人之谜

王 冉 ◎编著

书籍承载知识，阅读点亮心灯。

北京理工大学出版社
BEIJING INSTITUTE OF TECHNOLOGY PRESS

图书在版编目（CIP）数据

世界名人之谜 / 王冉编著 . — 北京：北京理工大 学出版社 , 2014.6
（2016.1 重印）
（科学探索与发现系列）
ISBN 978-7-5640-8420-2

Ⅰ . ①世…　Ⅱ . ①王…　Ⅲ . ①名人 — 生平事迹 — 世界 — 少儿读物
Ⅳ . ① K811-49

中国版本图书馆 CIP 数据核字（2013）第 244479 号

世界名人之谜
科学探索与发现系列

出版发行 / 北京理工大学出版社有限责任公司

社　　址 / 北京市海淀区中关村南大街 5 号

邮　　编 / 100081

电　　话 /（010）68914775（总编室）
　　　　　　82562903（教材售后服务热线）
　　　　　　68948351（其他图书服务热线）

网　　址 / http://www.bitpress.com.cn

经　　销 / 全国各地新华书店

印　　刷 / 北京市艺辉印刷有限公司

开　　本 / 710mm×1000mm　1/16

印　　张 / 9

字　　数 / 90 千字

版　　次 / 2014 年 6 月第 1 版　　2016 年 1 月第 2 次印刷

定　　价 / 29.80 元

责任编辑 / 张慧峰

文案编辑 / 张慧峰

责任校对 / 周瑞红

责任印制 / 边心超

图书出现印装质量问题，本社负责调换

目 录

科学探索与发现系列
世界名人之谜

CONTENTS

居鲁士是否战死疆场

　　居鲁士大帝（约公元前559—前530年在位）是古代波斯帝国的缔造者。他所创建的国家疆域辽阔，从爱琴海到印度河，从尼罗河到高加索。在铭文中，他骄傲地说："我，居鲁士，世界之王，伟大的王。"

　　传说，居鲁士是米堤亚国王阿斯提阿格斯的孙子。在居鲁士出生之前，阿斯提阿格斯做了一个梦，说他的孙子有一天会推翻他，于是国王就下令：等这孩子一降生就把他杀掉。但是被吩咐承担这项杀婴工作的官吏不忍心做这样血腥残酷的事，就把婴儿交托给一对牧羊人夫妇，告诉他们把婴儿弄死。牧羊人夫妇也不忍心杀死孩子，于是就把他当作自己的孩子来抚养。最后当孩子长大成人后，真的推翻了米堤亚国王。

◎居鲁士大帝

　　米堤亚人和波斯人在血缘和语言上都密切相通。由于居鲁士保留了米堤亚人的大多数法律，也保留了许多行政管理方法，因此米堤亚人的胜利与其说是要征服外国，倒不如说是要改朝换代。

　　但是居鲁士很快就暴露了他要征服外国的野心。他的第一个目标是小亚细亚的里底亚帝国，该帝国的国王是克里萨斯，传说是一个大富翁。居鲁士的铁是克里萨斯的金所不能抵挡的，公元前546年，居鲁士征服了里底亚帝国，使克里萨斯成了他的阶下囚。

　　随后居鲁士就把注意力转向了东方，经过一系列的征战，征服了整个东部伊朗，并把其并入他的帝国。公元前540年，波斯帝国向东一直蔓延到印度境内的印度河畔和中亚的查克隆提（今色尔河）河畔。

由于无后顾之忧，居鲁士又把精力集中到最有价值的争夺目标——富饶的巴比伦帝国上，巴比伦帝国的君主纳博尼都斯不得民心。当居鲁士军队发动进攻时，巴比伦军队不想进行无济于事的反击，公元前539年，巴比伦一羽未发就向居鲁士面北称臣。当时叙利亚和巴勒斯坦也属于巴比伦，所以都被划入居鲁士所控制的版图。

居鲁士显然是一位有军事才能的将领。但这只是他才能的一个方面，也许他更显著的才能是《居鲁士石柱法典》所体现出来的宽厚仁慈的统治特征。他击败了企图谋害他的外祖父，但却让他和自己住在一起，颐养天年。他打败了和波斯世仇的米堤亚帝国，但仍把米堤亚国王当作一个帝王对待，对国王的忠告言听计从。他征服了巴比伦，在这里他的宽容堪称古代帝王的楷模。他严令军队不许扰民，尊重当地的风俗习惯、宗教信仰。更难能可贵的是，他还把历代巴比伦国王掳掠来做奴隶的各民族人民释放，派军队护送他们回故乡，并以人力物力支援他们重建家乡和文明。居鲁士大帝是他那个时代的奇迹，是一位绝对令人佩服的君主。

居鲁士取胜之后，花费了几年的功夫来巩固他的统治，重新组织庞大的帝国。随后他又率军向东北进发，去征服马萨格泰人。马萨格泰人是居住在里海东岸的中亚地区的一些游牧部落。波斯人在一次小

◎波斯波利斯设计图

◎波斯波利斯遗址

规模的初战中告捷，但是却在公元前 529 年进行的另一次战斗中败北，居鲁士战死沙场。

　　但居鲁士最后究竟是怎样死去的，始终是个历史之谜。据古代希腊历史学家希罗多德的记载，居鲁士在占领巴比伦之后，转而向西北进军，试图降服中亚的游牧民族。希罗多德说，这是"蛮人"（非希腊人）所进行的"最激烈的一次战争"。波斯军队大部分将士战死，居鲁士本人也战死在疆场。战斗结束后，马萨革泰女王托米丽斯为报子仇，用革囊盛满人血，然后在波斯阵亡者的尸体中间找到居鲁士的尸体，将其首级割下，放在她那只盛血的革囊里。

◎波斯波利斯士兵浮雕

　　根据巴比伦僧侣贝洛苏斯关于巴比伦的历史著作所载，居鲁士是在同斯基芬人达赫部落作战中阵亡的。希腊作家克捷西的《波斯志》则认为，居鲁士最后的一次战斗是反对印度边境上的德比克人。克捷西说，德比克人的国王阿摩拉欧斯同印度人结盟，在这次战斗中，一位印度人用矛刺中了居鲁士的肝脏。3天之后，居鲁士便因此致命的创伤而死于波斯军营中。

◎居鲁士大帝墓

另一种说法则根本否认居鲁士是战死的。色诺芬在其所著《居鲁士的教育》中，就曾说居鲁士在首都自己的家里"和平地终其天年"。

鉴于以上种种互相矛盾的说法，近代以来，学者对希罗多德关于居鲁士的最后出征及死亡情况的描述，大多持不同程度的怀疑态度。居鲁士究竟是战死疆场，还是"和平地终其天年"？如果说是战死的，那么又是同谁作战时阵亡的？看来，这仍是历史的悬案。

恺撒遇刺之谜

公元前 44 年 3 月，恺撒正在全力准备对小亚细亚地区的帕提亚人的一场战争。在此之前早有一则许多罗马人都信奉的预言：只有国王才能打败帕提亚人。于是社会上流言四起，认为恺撒是在找一个公开称王的机会。

在恺撒出发之前，元老院准备在 3 月 15 日召开一个会议，密谋分子们决定在会上动手刺杀恺撒，其中的骨干就有恺撒的部将布鲁图和加西阿斯。当晚密谋分子之一的布鲁图来到恺撒家，居心叵测地极力劝说恺撒不要给人以指责他

◎恺撒纪念章

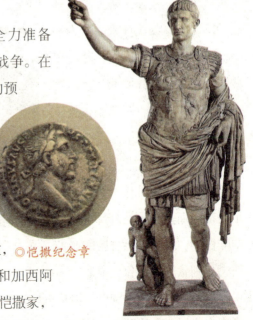

◎恺撒雕像

高傲的新口实，要求他去元老院亲自宣布取消这次会议。在布鲁图的再三劝说下，恺撒最后答应由其陪同前往元老院。在途中，恺撒遇到一位占卜师，据说此人过去曾警告他 3 月 15 日会有危险。

恺撒本人不相信占卜，就开玩笑地对他说："3月 15 日已经到了！"占卜师反驳道："是啊，已经到了，但还没有过去。"恺撒进入议事厅后，密谋分子把恺撒团团围住，纷纷拔出匕首刺向恺撒。起初恺撒还在奋力抵抗，当他看到自己一向深信不疑的布鲁图也拿着匕首向他走过来的时候，他绝望地喊道："布鲁图，连你也这样么？"在这之后，他便用衣服裹住了头，停止了反抗。

◎恺撒头像

早在恺撒打败庞培后，罗马就有"恺撒笑，庞培哭"的说法，而他倒下的地方，恰好安放着一尊庞培的雕像。那位占卜师难道真的能预知未来吗？恺撒死在庞培雕像旁真的只是巧合吗？这一切巧合将恺撒之死渲染得异常神秘。

◎恺撒之死

暴君尼禄生死未卜

尼禄，古罗马皇帝，在历史上以暴君闻名，他甚至谋杀了他的母亲，而罗马大火后，尼禄指控基督教徒焚烧了罗马，并对他们进行大肆镇压，可能这才是后来欧洲基督教世界指责他为暴君的真正原因。

尼禄垮台后，出于对他的恐惧，一部分基督教徒相信他没有死去，而且还会回到罗马来，《新约·启示录》就表现了这样的观点。

◎尼禄雕塑

《新约·启示录》说，有一头野兽"因伤致死，但是它的致命伤又治好了，而全世界都惊异地跟在这野兽后面"。他是这样一头野兽"你所看见的兽先前有，如今没有，将要从无底坑里上来……"，"在这里有智慧，凡有聪明的，可以计算兽的数目，因为这是人的数目，他的数目是六百六十六"。而尼禄（Nero）在希腊语中是Neron，希腊人通常称他为"Neron Caesar"；在希伯来语中，这个名字就被拼成了"Nron Ksr"，这七个字母分别代表50、200、6、50、100、60、200这几个数，它们的和恰好就是666，于是人们认为尼禄就是《新约·启示录》中所提到的那只兽。

这只兽受了致命伤，人们认为他死了，但是他的伤又好了，而全世界都跟在这只兽的后面，也就是说尼禄受了伤，但是它的伤好了，还会回来的。

《新约·启示录》的作者还说："又是七位王，五位已经倾倒了，一位还在，一位还没有到来。他来的时候必须暂时存留。那先前有如今没有的兽就是第八位，他也和那第七位并列"。尽管今天人们将《新约·启示录》归之于圣约翰的名下，但其真正的作者是谁已不可考证，但是成书年代应该是加尔巴统治时期，这样所谓的七王中倾倒的五位就是奥古斯都、提比略、卡利古拉、克劳迪乌斯、尼禄，"一位还在"就是指伽尔巴，"那只兽"即指尼禄。《新

◎尼禄纪念币

约·启示录》中的记述反映了当时人们特别是基督徒对尼禄生死问题的担心，而且确实有人自称尼禄，并险些进攻罗马。

古典史家对尼禄的覆灭有比较详细的记述，文代克斯发动叛乱后，尼禄一开始并没有把这件事看得很严重，他照常地观看比赛、宴饮，而且这位皇帝并没有安排任何平叛措施，直到文代克斯接二连三的檄文，特别有一篇骂他对艺术一窍不通时，这位对艺术很有造诣的皇帝，才气急败坏地向元老院写信敦促他们采取行动。

尼禄此后的行动变得积极起来。他首先罢免了两位执政官，自己包揽了两位执政官的职位，并宣布要进行远征，但是他的所谓远征准备竟然是准备大量的舞台道具。这时加入叛乱的军队越来越多，维尔古尼乌斯也宣布放弃效忠，同时伽尔巴被拥戴为皇帝，尼禄变得惊慌失措，他携带一盒毒药逃到了乡下的一座别墅，准备从这里坐船逃到埃及。因为他认为在那里他可以凭着"小小的

艺术才能维持生计"，但是他的近卫军认为这么做很荒唐，一位军官甚至说："难道死真这么难吗？"

这位皇帝显然还不想死，他回到卧室开始写演讲词，准备乞求人民的帮助。可是近卫军开始传说皇帝已经抛弃他们逃往埃及了，于是也放弃了对尼禄的效忠。在别墅中，尼禄发现周围的护卫和仆人都已逃走，好在还有一个忠仆帮助尼禄连夜逃到自己的家中。到了第二天，元老院已经宣布尼禄为暴君，并下令搜捕他。尼禄听到这个消息，终于下定决心自杀了，他用匕首插进了自己的咽喉，这时一个军官冲了进来，并尽力为他止血，尼禄对他说："太晚了，这就是你的忠诚吗？"于是尼禄就这样死去了。

可是几乎随着他死去的同时，人们开始流传死去的并非真尼禄的说法。有人说尼禄被火化时身上盖着布，没有人能确定担架上的尸体一定是他，有人说那个军官成功地对尼禄实施了急救，后来将他送往了东方。事实上尼禄被废6个月后，就有人自称尼禄，并在希腊进行活动，后来被罗马军队诱捕并杀害了。但是20年后，在小亚细亚又有人自称尼禄到帕提亚进行活动，不过后来被认

◎古罗马大街遗迹

为是个骗子，而被交给了罗马当局。

当然历史上类似这种死而复生的传说数不胜数，但都反映了人们的心态。基督教徒出于对尼禄暴行的恐惧，担心尼禄还会回来，可是还有一批罗马公民希望尼禄能够回来，继续执政。所以从尼禄死后的情况来看，尼禄是不是真正的暴君还有待更深入的研究。

"傻子"皇帝克劳狄

古罗马帝国皇帝克劳狄（公元前10—公元54年）是罗马历史上唯一一个以"愚钝"闻名的皇帝，其父亲是罗马行省高卢的首府——鲁恩的总督，名叫德鲁苏斯。克劳狄在童年和少年时期常患疾病，无情的病魔不仅损害了他的健康，毁坏了他的外貌，而且影响了他的智力和思维的正常发育。旁人对他常投以歧视和冷眼，其母亲也看不起他，在讥讽或挖苦愚蠢之极的人时，他母亲常用的口头禅便是："比我儿子克劳狄还傻。"可就是这样一个常被人取笑开心，饱尝冷眼歧视而默默无闻地度过了51个春秋的"傻老头"——克劳狄竟时来运转，登上了罗马皇帝的宝座。

◎ 克劳狄雕像

公元41年1月21日，克劳狄的侄子、罗马帝国皇帝盖乌斯被近卫军在皇宫里刺杀。当时已经50多岁的克劳狄正好目睹这一切，吓得躲在窗帘后面瑟瑟发抖。近卫军发现后将他拖出来，见他又老又丑、胆小怕事，就恶作剧般地

◎《宣布克劳狄为皇帝》油画

拥立他为皇帝。军营里的士兵们不断高呼着克劳狄的名字，元老院里却骤然一片肃静。元老们面面相觑，好长时间才缓过劲来。但是近卫军和士兵的意志不能违反，他们只得把皇帝惯有的一切权力和头衔，都授给予这个他们在内心难以接受的人选。

第一个由近卫军拥立的，也是罗马史上唯一以"傻"闻名的皇帝克劳狄，就这样传奇般地上台了。

然而根据史料记载，貌似痴呆的克劳狄皇帝，不但学术上有自己的见解，在政治上也有建树。他当政后，以宽容、合作的姿态同元老院建立了良好的关系。但即使在当时，人们对

◎克劳狄纪念币

克劳狄的看法也不一样，尤其是与克劳狄同时代的古罗马最著名的哲学家之一的塞涅卡。

在公元41年或42年的一封信中，塞涅卡称颂克劳狄是"恺撒之后最好心的人"，但在其后的一篇讽刺文中，他又把克劳狄描绘成一个暴君和傻瓜，说他死时没有变成神，而是转化成了一个南瓜。这种描绘在当时算是愚蠢的象征和代名词，表明克劳狄为神所不耻，死后也不能进入天堂。塞涅卡的两种态度与说法截然相反。

随后，罗马史家塔西佗等人也因袭其说，一方面称颂克劳狄统治初年仁慈而治，为意大利的福利勤恳操劳，将国家治理得井井有条，深为士兵和公民所喜爱；另一方面则嘲笑他是个笨蛋，毫无主见与头脑，"由他自己决断的事，甚至没

◎穿铠甲的克劳狄雕像

有他的妻子和被释奴隶命令的多，因为他总是依他们的利益和希望做事"。

苏托尼乌斯对克劳狄的地位形象地描绘为："整个处于那些人和他的妻子的控制下，如我前述，克劳狄扮演的角色不是一个国王，而是一个奴仆。"塔西佗还生动有趣地描绘了克劳狄在听到其前妻死讯时毫无反应的表情。总之，他们倾向于否定克劳狄，认为克劳狄确实是一个傻子。

苏联的几位著名史学家倾向于肯定克劳狄。他们认为克劳狄只是在晚年的时候，才因为智力不断衰退而被身边最亲近的人所左右。肯定克劳狄的人还比

较一致地认为，塞涅卡等人有些言过其实。克劳狄于公元 54 年死去，死因不明，据说是被他第四个妻子毒死的。这样，克劳狄从生到死，都是那样的不明不白。

"埃及艳后"克利奥帕特拉

提起埃及，人们马上就会想到金字塔、木乃伊，然而在这个古老的国度里还有一个未解之谜，那就是托勒密王朝的最后一位女王——克利奥帕特拉（公元前 69—前 30 年）的死因之谜。她那令人倾倒的姿色、狡猾的手腕、传奇风流的一生统统让人难忘。

克利奥帕特拉七世是埃及国王托勒密十二世和克利奥帕特拉五世的女儿，生于公元前 69 年，从小在宫廷中长大。她是马其顿人的后裔，美貌出众、姿色超群。

公元前 51 年，托勒密十二世去世，按照遗诏和当时法律规定，21 岁的克利奥帕特拉和比她小 6 岁的异母弟弟结成夫妻，共同执政。由于在宫廷斗争中失败，公元前 48 年，她被其弟逐出亚历山大城。她野心勃勃，在埃及和叙利亚边界一带招募军队，准备回埃及跟弟弟争夺王位。此时，适逢恺撒追击其政敌庞培来到埃及，他以罗马国家元首的身份，对埃及王位之争进行调停。

在此过程中，克利奥帕特拉的一个党人想出了一条巧计：把女王包在毯子里，然后派士兵化装成商人，把女王抬到恺撒的行宫。当时恺撒还以为是行囊，打开一看，

◎ 克利奥帕特拉像

◎ 克利奥帕特拉雕像

使恺撒又惊又喜，出现在他面前的竟是一位具有维纳斯女神般的黄金身段、妩媚的风姿、甜美艳丽的女子——克利奥帕特拉。恺撒立刻为她的美貌所倾倒，并将她带到了罗马。

◎《克利奥帕特拉与恺撒》

天有不测风云，公元前44年3月15日恺撒遇刺身亡，克利奥帕特拉失意地离开了罗马。后来，她被恺撒的侄子屋大维活捉，当她得知自己将被作为战利品带往罗马游街示众的消息后，便把自己的遗书写好了。沐浴后，她用了一顿丰富的晚餐。此后，便失落地进入自己的卧室，躺在一张金床上，非常安详，但从此没有再醒过来。

那么，她究竟是用何种方法自寻死路的呢？大多数人认为，女王提前安排一位农民将一只藏有一条叫"阿斯普"的小毒蛇的盛满无花果的篮子带进宫中，

◎埃及金字塔

◎克利奥帕特拉壁画

再让小毒蛇咬伤自己的手臂，因中毒昏迷而死亡。又有人说女王早就在花瓶里喂养了毒蛇，然后用一枚金簪在蛇的身体上刺，引它发狂，直到把她的手臂缠住。持这种观点的人依据考证资料提出：她的房间朝向大海的一边开着一扇窗户，受惊的毒蛇从这里完全可以溜走。此外，女王的医生证明说："她的手臂上的确有两个不是很明显的疤痕。"

历史上，埃及艳后用毒蛇自杀的故事全都来自于希腊传记作家普鲁塔克的叙述。尽管这是一个让许多后人洒泪的悲情故事，但它的真实性如今得到了法理学家和犯罪专家的广泛质疑。

专家提出的第一个疑点是：埃及艳后克利奥帕特拉用毒蛇自杀的叙述，最早见于公元1世纪希腊哲学家普鲁塔克的名人传记中。可问题是，普鲁塔克是在埃及艳后死去75年后才诞生到人世，他叙述的内容中充满了太多矛盾、错误和不可能的巧合。

埃及艳后之死的第二大疑点是：克利奥帕特拉在自杀前，曾向屋大维送出了一封自杀信。美国明尼苏达州明尼阿波利斯市犯罪研究专家帕特·布朗说："这显然不符合自杀者的性格。一个决心自杀的人绝不会事先向某人送出一份示警性的遗书，好让他跑来拯救自己。"

第三大疑点是：如果克利奥帕特拉是中蛇毒身亡，那么她死得实在太快了。史料记载，克利奥帕特拉用于自杀的是一条埃及眼镜蛇，在实验数据中，被眼镜蛇咬中最快的死亡也要两小时；尽管医学史也记载着一些中了眼镜蛇毒后20分钟内就死亡的事件，可屋大维的卫兵接获命令冲到埃及艳后住处时，距埃及艳后遣人送信仅相隔几分钟时间，但当卫兵到达现场时，埃及艳后已经香消玉殒了。

法理学家提出的第四大疑点是，克利奥帕特拉的两个女仆之死不合情理。英国牛津大学热带医学和传染病学教授戴维·沃热尔说："这儿有一个误解，并不是毒蛇每次咬人都能释放出毒液。如果三个人一起被毒蛇咬中，那这个概率将更低。"

帕特·布朗称，众多证据都显示埃及艳后之死十分可疑，她很可能是死于一场精心策划的政治谋杀。历史事实显示，最有嫌疑的正是后来成为奥古斯都大帝的屋大维。一个历史事实佐证了法理学家对屋大维的怀疑，他后来又杀死了克利奥佩特拉和恺撒的私生子恺撒利昂。屋大维具有谋杀动机。据帕特·布朗称，"在埃及从没有女仆陪主人

◎屋大维雕像

自杀的传统，为什么那两名女仆埃拉斯和查米恩在埃及艳后恐怖自杀后，不立即撞门喊卫兵帮忙，而是选择一起死亡？答案非常简单：屋大维除掉了所有目击者"。

有一种不同的观点认为，女王是用一只空心锥子刺入自己的头部致死，而非死于毒蛇之口。然而，也有不少人不同意上述观点，因为咬伤或刺伤的痕迹没有在死者尸体上发现，在卧室中没有发现任何有毒的小蛇。他们认为服毒而死的可能性最大。美艳的克利奥帕特拉像夜空中转瞬即逝的流星一样，虽然短暂但却发出了不少光芒。关于她的死亡之谜，仍令后人疑惑不已。

女沙皇叶卡捷琳娜二世

　　沙皇俄国在其长期的君主统治中，出现了一位赫赫有名的类似中国的女皇武则天式的女沙皇——叶卡捷琳娜二世。那么叶卡捷琳娜二世是怎样登上皇帝的宝座呢？众说纷纭，有人说是继承，有人说是通过发动宫廷政变。那么她又是怎样发动宫廷政变的？这还得从她成为王室成员开始说起。

　　叶卡捷琳娜是俄皇彼得三世的妻子，她在为俄皇室完成传宗接代任务后，地位岌岌可危。丈夫彼得早已对其厌倦，人们早已将其忘记，她只是苦苦忍受耻辱和孤寂。

　　叶卡捷琳娜这位不同凡响的女人绝不可能心甘情愿做一名忠实的妻子和殉难者。她一方面过着追逐声色犬马的生活；另一方面，她在卧薪尝胆，耐心地等待着能使她成为女皇的机会。伊丽莎白通过没有流血的政变登上皇位就是她面前最好的例子，她

◎政变前的叶卡捷琳娜二世

将要在政坛上小试锋芒了。

　　叶卡捷琳娜为了达到目的，开始培植私党。她把禁卫军军官格里戈利·奥尔洛夫列为首选对象，奥尔洛夫的4个兄弟阿列克谢、费多尔、伊凡和弗拉基米尔都是禁卫军军官。叶卡捷琳娜如愿如偿，奥尔洛夫成了他的情夫，这就为未来的宫廷政变提供了很好的机会。

彼得三世好像也预感到有某种阴谋正针对他而来，他将叶卡捷琳娜的党徒之一帕塞克逮捕了。叶卡捷琳娜明白只有先下手，否则就只能做阶下囚，甚至是命丧黄泉。事不宜迟，1762年，在奥尔洛夫兄弟的支持下，叶卡捷琳娜发动宫廷政变。

士兵们穿着俄罗斯的传统军服，簇拥在新女皇叶卡捷琳娜周围并且冲上前吻她的手、她的脚和她的衣服的下摆。女皇置身于欢乐的喧嚣中。所有的俄国人好像都很兴奋，

◎政变后的叶卡捷琳娜二世

他们高呼着"叶卡捷琳娜！我们的母亲叶卡捷琳娜！"宫廷显贵、各国公使、神父争先恐后地欢迎他们的新女皇。

软弱无能的彼得三世被迫退位，接着又被软禁起来。在给叶卡捷琳娜的信中他这样写道："请陛下对我放心，我既不会想，也不会去做反对您本人和您的统治的事。"

虽然彼得三世对她已不构成威胁，但叶卡捷琳娜并不愿轻易放过曾给她耻辱的彼得三世，彼得三世不久就遭谋杀。叶卡捷琳娜的诏示说彼得三世死于剧烈绞痛，实际情况并非如此，彼得三世死时全身发黑，向遗体告别而吻他嘴唇的人自己的嘴都肿了。可能不管彼得三世对叶卡捷琳娜怎样，她都要当上女皇，但彼得三世对其发动政变确实起了极大的刺激作用。

◎彼得三世

伊丽莎白女王终身不嫁之谜

伊丽莎白一世是英国都铎王朝最后一位杰出的女王，在她统治期间（1558—1603 年），英国国力达到了最鼎盛的阶段。对内方面她确立了英国的国教制度，国内政治稳定，经济发展；对外方面英国取得了海上霸权，在东方不断扩张势力。女王在内政外交上创造了无数的辉煌，而个人婚姻方面却始终"独善其身"，成为人们百思不得其解的谜题。

◎登上皇位时的伊丽莎白一世

伊丽莎白是英国国王亨利八世的女儿，1533 年 9 月 7 日出生于泰晤士河畔的格林威治宫。她的母亲安妮·博琳原来是亨利八世的宫女，这桩婚姻也没有得到天主教会的承认，而亨利和博琳结婚才 3 个月，她便来到了人间。因此，伊丽莎白被认为是私生女。根据天主教规，她不能成为天主教徒，这决定了伊丽莎白日后向新教靠拢。在她两岁的时候，妈妈因没有生下男孩，被亨利八世以不忠的借口下令处死。年幼的伊丽莎白从小便饱尝失去母亲的凄凉，忧郁的种子在她的心灵扎下了根。但是她很聪明，而且接受了良好的教育，学习也十分刻苦，博览群书，通晓意大利、法兰西和西班牙等国语言，还能翻译难度很大的法文诗。

1553 年，伊丽莎白的异母姐姐玛丽登上英国王位，她就是玛丽一世。她是一个狂热的天主教徒，对于亨利八世的宗教改革极为不满，一上台就致力于恢复天主教地位，残酷镇压新教教徒，人称"血腥的玛丽"。本来就仇视妹妹

的玛丽，更是以伊丽莎白涉嫌卷入新教运动，毫不留情地将她关进伦敦塔囚禁起来。伊丽莎白开始了终日生活在死神阴影下的岁月，但 1558 年玛丽女王的死改变了她的命运，因为玛丽没有子女，伊丽莎白当晚就在英格兰新兴资产阶级、新贵族和新教徒的拥戴下登上英王宝座。

伊丽莎白登基时只有 25 岁，她身材细挑，娴雅多姿，漂亮的鹅蛋脸上嵌着一双水汪汪的大眼睛。她喜欢打扮，也很会打扮自己，白皙的皮肤，配上闪亮的珠宝，时髦的衣饰，优雅的谈吐，是当之无愧的美女。而加上头顶上的王冠，吸引着欧洲大陆不少王公贵胄争相拜倒在她的石榴裙下，他们用尽心机，渴望

◎伊丽莎白一世早期主持的一次议会

成为她的丈夫。因为关系到以后英国王位的继承和国家的稳定，伊丽莎白女王的婚事曾被提上英国的政治日程，议会里的大臣们纷纷强烈要求女王早日结婚。

◎美丽的伊丽莎白

可是，伊丽莎白就像一盏蜡烛，任凭群蛾飞扑而不为所动。

最先向伊丽莎白求婚的是她的姐夫、西班牙国王腓力二世，他早就对伊丽莎白青睐有加，在她被囚期间给予过特别的关照。但西班牙是一个顽固的天主教国家，玛丽女王和腓力二世的结合带给英国的危害，人们记忆犹存。初登王位的伊丽莎白由于私生女的身份，英格兰女王的合法地位一直得不到承认，西班牙在当时的国际社会中有着举足轻重的地位。她不动声色地利用起腓

◎伊丽莎白女王在位时英国船只在多塞特郡沿海巡视

力二世来，对他的求婚态度暧昧，当她的地位合法化后，便以宗教信仰不同明确拒绝了腓力二世。后来，伊丽莎白又经常以自己的婚姻为筹码，周旋于欧洲各大国之间，为英国谋求利益。

1578 年时，伊丽莎白差点就结婚了。当时，法国国王亨利二世的四弟、年仅 23 岁的安休公爵到英国做客，年龄相差近一倍的两人一见钟情，手拉手地在御花园里嬉笑调情，甚至当众拥抱。据说伊丽莎白还答应了安休公爵的求婚，但后来似乎是考虑到英、法、西班牙之间复杂的国际关系，在将要举行婚礼的前几天，女王突然变卦。她郑重宣布解除婚约，并表示会一辈子独身。同时她向国民发表了一番这样的谈话："我无须再选佳婿结婚，因为我在举行加冕典礼时，已将结婚戒指戴于我国臣民的手指上，意即我与全体臣民为伴，将我的生命与贞节献于英国。"感动的英国人民也常用"贞洁女王"的美名来称呼伊丽莎白女王。

美貌多情的伊丽莎白女王为什么终身不结婚？后人们有过种种猜测：女王的父亲亨利八世三次杀妻、六娶皇后，

◎思考国家大事的伊丽莎白

使伊丽莎白从小就蒙上了一层心理阴影，不信任男人和家庭，患上了"婚姻恐惧症"；女王的政敌则宣称她根本没有正常的生理功能；而另一些持相反意见的人则说女王有过私生子；还有人认为，从古至今各国王室成员的婚姻，无不烙上深深的政治烙印，只是国家政治、国际关系的附属物，包含了太多的阴谋与利益关系，聪明的女王宁愿选择独身也不愿终生生活在龌龊的交易中。

总之，女王在位 45 年，大臣们为了她的不嫁之谜可以说是绞尽了脑汁，但都未能解开这个死结，随着女王的逝世，更难有解开之日了。

◎晚年时期的伊丽莎白女王

"传奇沙皇" 亚历山大一世

俄国沙皇亚历山大一世的一生就像个传奇故事。他是女皇叶卡捷琳娜二世的孙子。女皇一直不喜欢他的父亲保罗，却跟他感情深厚，一直有废子立孙的倾向。可后来女皇突然病倒，他父亲趁机夺取了皇位。

亚历山大一世，全称亚历山大·巴甫洛维奇·罗曼诺夫，1777 年出生。1801 年，他发动宫廷政变，弑父（保罗一世）夺位。登基以后，亚历山大一世对内重用奸臣阿拉克切也夫，强化专制统治；对外穷兵黩武，伙同奥地利、普鲁士组织反动的"神圣同盟"，干涉其他国家的资产阶级革命，充当"欧洲宪兵"。凡此种种倒行逆施，导致民怨沸腾，他的统治趋于穷途末路。

1824 年底，亚历山大一世得到情报，有人正在密谋推翻他的统治，他在一道"圣谕"中写道："根据传闻，自由思想或自由主义的可怕精神已经或至

◎骑着马的亚历山大一世

少正在军队中传播。"但出人意料的是，他竟未下令对此作任何调查和搜捕。恰在此时，首都圣彼得堡发生特大洪水，300多所房屋被大水冲毁，500多人丧生。在亚历山大一世出生那年，也曾发生过洪水泛滥，只是灾情略轻。迷信的人们于是认为，这种巧合是上天震怒的迹象。亚历山大一世在精神上受到更沉重的打击。他在视察受灾现场时，面对哀号呻吟的百姓，说道："这是上帝在惩罚我的罪过。"这大概是他真情流露的肺腑之言，弑父罪行又萦绕在他的脑际，使他心怀愧疚，惶恐不安。

为了摆脱痛苦的现实，1825年9月，亚历山大一世决定携皇后伊丽莎白去塔冈罗格镇休养。没想到，竟一去不复返。11月19日，俄国皇室突然宣布，亚历山大一世在休养地因病驾崩，终年47岁。

亚历山大一世是在偏僻小镇塔冈罗格镇"去世"的。而塔冈罗格镇与其说是"休养地"，倒不如说是"流放地"。因为该镇濒临海水混浊、臭气熏人的亚速海，背后又是一望无际的茫茫草原，时常狂风大作，甚是萧瑟冷僻。当时就有人怀疑，沙皇为什么要选择此地休养呢？说是来休养，但亚历山大一世在这儿却尽找体力活干，并对手下人说"要习惯过另外一种生活"。所谓"另外一种生活"是什么意思呢？至于沙皇的病情报告，有关人员的记载矛盾百出。例如，某日塔拉索夫医生的记载是沙皇度过了"平静的一夜"，而韦利医生却称当夜主上"睡不安稳，病情每况愈下"。

沙皇的尸检报告是塔拉索夫起草的，并有签名。但后来塔拉索夫在他的回忆录中断然否认曾签署尸检报告。难道是有人仿照他的笔迹越俎代庖了？沙皇尸体虽经防腐处理，脸庞却迅速变得面目全非，即使如此，皇室在尸体殡葬前又违反俄国惯例，不许开启棺椁，让臣民瞻仰遗容。

皇后伊丽莎白的日记在亚历山大一世驾崩前，曾经中断了8天。继任的沙皇尼古拉一世一上台，马上下令焚毁前任最后几年留下的大量文件。所有这一切，都令人百思不得其解。沙皇亚历山大一世究竟死了没有？

当时俄国国内就议论纷纷。有人声称，沙皇并未在塔冈罗格镇驾崩，而是搭乘一艘英国游艇前往巴勒斯坦圣地朝圣去了；也有人认为，沙皇是被哥萨克人劫持以后隐匿了起来；还有人声称，亚历山大一世已秘密前往美洲隐居。传闻猜测千奇百怪，说法各异，但都不约而同地认为，所谓沙皇驾崩的说法纯粹是个骗局，灵柩里躺着的不过是一位身材面貌都酷似沙皇的替身而已。

10年以后，流言蜚语逐渐消失，沙皇亚历山大一世在俄国臣民的脑海中差不多快要消失殆尽的时候，在乌拉尔山区的帕彼尔姆州的克拉斯诺菲姆斯克村，却突然出现了一位雍容高雅、仪态不凡的老者，他自称叫费道尔·库兹米奇。他身边未有任何证件，

◎亚历山大一世铜币

◎亚历山大在位期间下令修建的耶稣救世主大教堂

在警察盘问时，他竟声称对自己的身世一无所知。于是，他被判处20下鞭刑，并流放西伯利亚。

在西伯利亚，费道尔·库兹米奇含辛茹苦，过着简朴的生活。由于他学识渊博、待人诚恳，当地农民无不对他佩服得五体投地，竞相邀请他去家中做客。商人克罗莫夫听说他有"圣贤"的美名，便出面充当他的保护人，并出资给他盖了一所小屋。从此，费道尔·库兹米奇不必再为生计操劳，便开始潜心研究圣经。当地众多显贵纷纷慕名前往求教。

费道尔·库兹米奇对于重大政治事件了如指掌，谈起库图佐夫元帅的赫赫战功、莫斯科大主教菲拉雷特的经历学识等等，如数家珍。不少来访者感到，他与"已故"沙皇亚历山大一世颇有几分相似之处。有一次，一个老兵见到费道尔·库兹米奇，竟失声高呼："这是我们的沙皇、我们的父亲亚历山大·巴甫洛维奇！"费道尔·库兹米奇立即制止他，"我只是一个普通的流浪汉，不许胡说。否则你会被捕入狱的"。

费道尔临终之前，仍然声称对自己的身世一无所知。遇到有人恳求他透露真实姓名，他总是回答"上帝会认出自己的亲人的"。

费道尔·库兹米奇于1864年1月20日与世长辞，享年87岁。商人克罗莫夫出资安葬了他，并在他的墓前竖起十字架形的墓碑，上刻"这里安葬着伟大的长老、上帝的选侯费道尔·库兹米奇"。而"上帝的选侯"正是亚历山大一世在战胜法皇拿破仑后正式接受的称号。克罗莫夫埋葬了费道尔·库兹米奇后，曾两次前往圣彼得堡会见高官，并奉献了费道尔·库兹米奇的遗物。

此外，还有三件令人难以理解的事：

其一，一位亚历山大一世生前的御医，从不参加每年 11 月 19 日纪念亚历山大之死的祷告仪式，而 1864 年 1 月的一天，他却亲领家人为亚历山大一世的亡灵祈祷，并痛哭流涕地说："沙皇这下可真是死了！"但他未作任何解释。

其二，在亚历山大二世的办公室墙壁上，不知因何竟挂有费道尔·库兹米奇的画像。

其三，1921 年，苏维埃政府曾下令检查安葬在圣彼得保罗要塞内的罗曼诺夫王朝历代君主的遗体，调查人员开启亚历山大一世棺枢后，居然发现里面

◎俄罗斯冬宫——以纪念亚历山大一世率俄军战胜拿破仑军队这一伟绩而建造的

空空如也。

亚历山大一世是否真的病死在塔冈罗格镇？神秘人物费道尔·库兹米奇的"庐山真面目"是什么？目前还都是不解之谜，有待于历史学家进一步研究探讨。

巴伐利亚国王路德维希二世

1864 年 3 月，马克西米利安二世去世，年轻的路德维希继位，成为巴伐利亚国王。那时候，他还没有完成大学业业，老国王生前对儿子也缺乏政治方面的培养。"我过早地成了国王，还没有学到足够多的东西。"路德维希二世后来回忆说。

◎路德维希二世

那时，巴伐利亚王国的权力都掌握在议会两院手中，路德维希二世梦想中的中世纪般的王国已经不复存在。在慕尼黑，繁缛复杂的宫廷礼仪，尔虞我诈的权力争斗，都让这位年轻而感性的国王无法忍受。只有阿尔卑斯山的气息能够让他精神焕发。看着起伏的山峦、碧绿的湖水，听着湖中天鹅的阵阵叫声，他仿佛又进入了自小就存在于心中的那个童话世界……

继位后不久，路德维希二世便邀请仰慕已久的剧作家瓦格纳至慕尼黑，资助其进行音乐创作。从 1865 年开始，瓦格纳创作的《特里斯坦和伊索尔德》《纽伦堡的名歌手》等著名歌剧相继问世。慕尼黑因此成为欧洲的音乐之都，路德维希二世也获得了热爱艺术的美名。与当时诸多附庸风雅的欧洲贵族不同，**他对艺术尤其是歌剧的喜爱是发自**

内心的。

正如瓦格纳所描述的那样，路德维希二世面容英俊、身材高大，但他对女人一点儿都不感兴趣。1864 年夏，他曾在巴伐利亚北部城市巴特基辛根待过 4 周。尽管整日被女人簇拥，甚至有传言说，他要迎娶俄国沙皇的女儿，但他始终没有对哪个女人动心。他只是和堂姐、奥地利皇后茜茜公主保持了一生的友谊。有人据此猜想，路德维希二世可能一直暗恋茜茜公主，以至于宁愿痴情地独守一生。但也有研究者指出，路德维希二世极可能是一名同性恋者，对瓦格纳超乎寻常的"喜爱"就是明证。

◎茜茜公主

19 世纪 60 年代，在"铁血宰相"俾斯麦的推动下，德意志北部强邦普鲁士开始了咄咄逼人的对外扩张，以此完成统一大业。身为巴伐利亚这个德意志南部小邦的国王，路德维希二世不喜欢战争，也不愿意做大国手中的棋子，因此，在普鲁士的战争威胁面前，他很快便产生了退位的想法。然而，在议会的要求下，他还是签署了抵抗普鲁士的军事动员令。

事实证明，巴伐利亚根本无力阻挡普鲁士的战车。1866 年 8 月，双方签署了和平条约，除了放弃外交政策等方面的主权外，巴伐利亚还要向普鲁士支付巨额战争赔款。战争结束后的几周，路德维希二世决定巡视遭战争破坏的地区，以鼓舞民众的士气。在给瓦格纳的信中，他这样写道："我此行的目的在于，让我的臣民知道我是谁，让他们开始认识他们的君主！"所到之处，民众像对待胜利者一般热情地欢

◎铁血宰相——俾斯麦

◎威廉一世

迎路德维希二世，似乎根本不曾遭受过普鲁士军队的毁灭性打击。

1870年初，欧洲局势愈加严峻，普鲁士与法国的关系极度恶化，两国间的战争已经无法避免。巴伐利亚与普鲁士签有互助协约，自然也被卷入了战争。德意志军队在法国取得了一个又一个胜利。巴伐利亚的军队尽管装备比普鲁士军队差，但士兵们作战非常英勇。

当年9月，巴伐利亚王国的首相布莱·斯坦贝格建议国王，推选普鲁士君主为德意志帝国的皇帝。因为德意志帝国统一成一个国家已是大势所趋，通过这种推选，巴伐利亚可以获得一定的利益。路德维希二世不赞成这个想法，但最后还是被说服。1871年1月18日，普鲁士国王威廉一世在凡尔赛宫登基。几乎所有德意志贵族都参加了这个登基

◎凡尔赛宫

典礼，只有路德维希二世没有露面。原因也许是：他仍对彻底丧失王国的独立性感到不满。

现实的不如意，使得路德维希二世更厌恶宫廷生活。他越是觉得自己难以被人理解，就越是变得少言寡语，开始默默地建立一个封闭的世界，一个童话般的世界。在这个世界中没有邪恶，即使有，也会被"圣杯骑士"消灭，而"圣杯骑士"就是他本人。

路德维希二世构筑这个童话世界的主要手段就是建造宫殿，尤其是位于法尔格湖边的"新天鹅堡"。这座城堡的设计灵感源自剧作家瓦格纳的著名歌剧《天鹅骑士》。在路德维希二世看来，这个戏剧对于"新天鹅堡"的意义是无可比拟的。

◎年少时的路德维希二世

描绘这座城堡的蓝图之初，路德维希二世根据四周的景致进行了详尽的考察和计算，甚至连四季的变化、天空山水草木的色调搭配都事先想好。因此，在"新天鹅堡"设计建造的过程中，反倒是歌剧院的画家和舞台布景师显得比建筑师的作用更大。有人形容道："这样一座梦幻城堡，奇迹般地把每个季节的美都发挥到了极致，足以令人倾倒，用语言去描绘唯显多余，因为它根本不属于这个现实的世界。只要身临其境，你随手一抓，就是一把纯粹的诗意，绝无沾染半点烟火气。"

"新天鹅堡"前后共修建了17年，城堡内大到廊柱，小到厕所里的水龙头，都采用了天鹅的造型。一开始，路德维希二世只是用个人资产修建城堡，后来入不敷出，开始找国库贷款。"新天鹅堡"一步步趋于完美，路德维希二世背负的国库债务也越来越重。41岁那年（1886年），他的叔叔卢伊特波尔德亲王终于发难，与大臣密谋，买通御医小组的所有成员，宣布路德维希二世患有

◎新天鹅堡风景

严重的精神病，需要疗养、观察一年，随后派部队将其押送至慕尼黑软禁。

没有人能想到，一生充满激情、浪漫，精力充沛异于常人的路德维希二世，在离开"新天鹅堡"后的第5天就死了。在慕尼黑的斯坦贝恩湖边，人们发现了路德维希二世及其精神病医生伯恩哈德·范·古登的尸体。对此，官方的说法是，路德维希二世在杀害了古登后溺水自尽。但验尸报告显示，路德维希二世的肺里并没有水。也有传言称，他是遭枪击而死的。

路德维希二世的神秘辞世，一直吸引着人们的目光。他的遗骸目前被保存在慕尼黑圣米歇尔教堂的一个石棺中。科学家们认为，借助"虚拟解剖"等现代尖端医学技术，完全有可能确定这位国王死亡的真正原因。

"虚拟解剖"技术，综合运用了电脑断层（CT）和核磁共振成像（MRI）技术，使图像三维化，能清晰显示尸体的电子图像。这样，病理学家就能全面观察路德维希二世的"数字化尸体"。瑞士伯尔尼大学法医学研究所负责人，"虚拟解剖"技术的发明人迈克尔·塔利认为，虽然路德维希二世已经去世了，但这项新技术仍然适用。

不过，路德维希二世家族成员的后人，坚决反对科学家们对路德维希二世的遗骸进行任何分析，即使这些分析有可能使这位国王摆脱"杀人犯"的恶名。

末代沙皇为谁所杀

　　1917年3月12日，俄国首都彼得格勒被起义的工人与士兵占领。在此之前就已出走在外的末代沙皇尼古拉二世，见大势已去，遂于3月15日在普斯科夫城下诏宣布退位，并称将帝位让给其弟米哈伊尔大公。然而革命形势的迅猛发展使君主制再也不能见容于俄国了，米哈伊尔只得于次日宣布放弃继位。统治俄国长达3个世纪之久的罗曼诺夫王朝寿终正寝，俄国二月革命取得了胜利。

　　革命胜利后，新成立的彼得格勒苏维埃和俄国临时政府，下令将尼古拉二世及其全家幽禁在彼得格勒郊外的皇村宫中。8月，临时政府担心沙皇待在革命情绪持续高涨的首都附近不安全，便将其全家移监至遥远的额尔齐斯河畔的托博尔斯克。十月革命胜利后，沙皇全家依旧待在

◎尼古拉二世

那里。直到1918年4月，苏维埃政权的全权代表才抵达托博尔斯克，正式接管看守职责。随后，苏维埃政府决定将囚禁中的沙皇一家人，转移到乌拉尔山脉东侧的叶卡捷琳堡。4月26日，沙皇夫妇一行启程，30日到达叶卡捷琳堡。尼古拉二世的儿子阿列克塞因当时发病，直到5月20日才离开托博尔斯克前往叶卡捷琳堡。

　　1918年5月，被苏维埃政权遣返回国的捷克军团在途中与白卫分子发动大

规模叛乱，占领了自伏尔加河流域到西西伯利亚一带的大片地区。叶卡捷琳堡很快陷入叛军包围之中，危在旦夕，关押在城内的末代沙皇随时都可能被叛军救走。在这紧急时刻，7月16日深夜，乌拉尔州肃反委员会委员雅·米·尤罗夫斯基率领行刑人员在监房中处决了尼古拉二世，同时遭枪杀的还有尼古拉二

◎十月革命

世的妻子亚历山德拉·费奥多娜，儿子阿历克塞，女儿玛丽亚、培季扬娜、阿纳斯塔西娅和奥莉加，医生博特金，厨师哈里托诺夫，男仆特鲁普和女仆杰米多娃，共计11人。接着，尤罗夫斯基率人将11具尸体连夜运到郊外林中焚化。7月25日，叛军攻陷叶卡捷琳堡。

可见，枪杀沙皇全家事先未经法庭审判，而且连他的儿女和仆役也死于非命，因此曾遭到不少非议。人们也不免产生一个问题，如此重大的处决究竟是谁下令执行的呢？

苏联出版的众多出版物中，包括权威的《大百科全书》都是这样写的："当时白卫军已兵临叶卡捷琳堡城下，为防止尼古拉二世被他们夺走，乌拉尔州苏维埃只得果断决定处死沙皇及其全家。"

苏联学者卡斯维诺夫在《拾级而下的二十三级台阶——末代沙皇尼古拉二世评传》一书中，详细介绍了这一情况。最初计划由莫斯科和乌拉尔两级审判机关对前沙皇及其妻子进行公审，但后因情况紧急，全俄中央执行委员会主席团，授权来莫斯科汇报的乌拉尔苏维埃主席团委员戈洛谢金立即组织审判。

戈洛谢金7月12日返回叶卡捷琳堡，乌拉尔州苏维埃执行委员会于当天

◎斯莫尔尼——十月革命时苏维埃所在地

开会，会上通过枪决沙皇的决定，4 名主席团成员当即在判决书上签字。同时，会议决定由尤罗夫斯基负责执行判决。这种说法在苏联国内外流传甚广，十卷本中文版《简明不列颠百科全书》也采用此说。

但也有人对上述说法提出异议。尼古拉二世是俄国沙皇，对他行刑关系重大，乌拉尔州苏维埃哪有这么大的权力？一个名叫皮埃尔·日里亚尔的瑞士人自 1906 年起就在俄国宫廷担任法语教师，尼古拉二世遭监禁后，他同沙皇全家继续朝夕相处，直到皇子阿历克塞离开托博尔斯克为止。叶卡捷琳堡陷落后，他又积极参与白卫当局对沙皇被杀一事的"侦查"工作。

日里亚尔 1921 年出版了一本书，名为《尼古拉二世及其一家的悲惨命运》。作者在书中断然否认枪杀沙皇一家的命令是乌拉尔地方苏维埃做出的，他认为命令是全俄中央执行委员会主席斯维尔德洛夫亲自下达的。鉴于日里亚尔的特殊经历，这种说法当时颇为流行。

后来有些人进一步指出，像处决尼古拉二世这等大事，恐怕斯维尔德洛夫也不能独自做出决断，只有经过列宁才能下达这样的命令。这种说法在西方很有市场。1991 年 3 月，在莫斯科举行了一次名为"列宁与 20 世纪"的国际学术讨论会，美国哈佛大学的理查德·派斯普教授在会上发言就称尼古拉二世及其全家是列宁下令枪杀的。

上述各种说法，究竟孰是孰非？断言枪杀尼古拉二世的命令是斯维尔德洛夫，乃至列宁亲自下达的说法，尚无原始材料可以佐证。日里亚尔的根据主要有三点：一是抵达托博尔斯克的苏维埃全权代表雅科夫列夫，是斯维尔德洛夫亲自委派的；二是斯维尔德洛夫在莫斯科向戈洛谢金面授了处决命令；三是 7 月 20 日在叶卡捷琳堡街道上张贴的枪毙尼古拉二世的布告后，附有斯维尔德洛夫签署的嘉奖令。

其实这三点仍有隔靴搔痒的不足之处：一是雅科夫列夫刚到叶卡捷琳堡便被免职；二是戈洛谢金在莫斯科接受的是组织审判而不是马上枪决的命令；三是嘉奖属事后确认而非事先命令。至于派斯普的发言的依据更是不足，他是从列宁当时主张大搞红色恐怖作出结论的。

◎叶卡捷琳堡

其实十月革命后列宁多次强调不要滥行捕杀，1917 年 11 月他说"苏维埃政权没有，也希望将来不采取法国革命者那种恐怖手段，把赤手空拳的人送上断头台"。只是到 1918 年 8 月 30 日列宁遇刺受伤后，红色恐怖才大规模铺开，那时尼古拉二世早已不在人世。

拿破仑之死因

1821 年 5 月 5 日 17 时 49 分，被流放到南大西洋圣赫勒拿岛上的拿破仑与世长辞，法国当局随后宣称这位皇帝死于"心血管疾病"。不过，很多人相信，这位曾叱咤欧洲大陆的风云人物是被人下毒害死的。最近又有专家指出，拿破仑最后因胃癌去世的。一些专家指出，弄清拿破仑死因的最好方法就是能"开棺验尸"，并对其遗体进行"DNA 测试"，但这对许多法国人来说，是件"完全不能接受的事情"。一些拿破仑亲属则认为，"有关拿破仑的死因并不重要，因为他还有许多更重要的问题需要进行研究"。

◎拿破仑

《华盛顿邮报》报道，曾随拿破仑一起流放圣赫勒拿岛的仆人马尔尚在其日记中写道，拿破仑去世前"经常失眠，腿部肿胀无力，掉头发，偶尔抽搐，总是觉得口渴"。20 世纪 60 年代，瑞典牙医和毒药专家佛舒伍德在对日记进行仔细研究后认定，上述症状均与人服食砒霜后的情形类似。后来，美国联邦调查局和法国巴斯德大学又对拿破仑一根头发进行了分析，并从中发现了相当数量的砒霜。这一结果证实了"中毒"的说法。

然而，一位名叫科斯坦的专家日前在研究了拿破仑生前最后一位医生安托

◎拿破仑在弗里德兰战役

马奇书写的病历后，提出了新观点：拿破仑死于胃癌。安托马奇在病历中记载说，拿破仑死前上腹部剧痛难忍，打嗝呼出的气味非常难闻。他还有慢性神经衰弱和厌食迹象。此外，拿破仑患有慢性泌尿系统疾病，夜里常咳嗽，并出冷汗。科斯坦说，这些症状很像胃癌病人。这位专家还表示，他是第一个详细分析验尸报告的人。据悉，报告中用医疗术语暗示，医生在拿破仑体内发现了一个胃瘤，但当时负责解剖的人员却不认为这是胃癌的反应。拿破仑国际研究协会主席也指出，拿破仑的死因是个敏感问题，对于法国专家来说，他们实在不愿接受一个瑞典人对法国伟大领袖死因做出的"中毒"结论。

围绕着中毒和胃癌两种说法，一场广泛的争论在学术界拉开了帷幕。在中毒一说中，下毒谋害拿破仑的主要嫌疑犯名叫查尔斯·蒙托隆。人们从蒙托隆第五代子女家中发现的书信，为"下毒"的说法提供了"确凿证据"。据说，蒙托隆当年利用自己是拿破仑好友的身份，秘密在其饮用的酒中放入了砒霜。根据当时的文件记载，拿破仑在其遗嘱中为蒙托隆留下了价值200万法郎的金币。英国历史学家钱德勒认为，"中毒说"非常可信。他表示，蒙托隆后代家中发现的文件表示，身为律师的蒙托隆当时陷入严重的财务困境，因此才产生了"提前获得拿破仑遗产"的想法。

还有一些历史学家则宣称，蒙托隆是法国保皇党和英国的"走狗"，而这两派力量均希望能"尽早除掉拿破仑"，以防他再次回到法国"闹革命"。当年为了防止拿破仑从南大西洋逃跑，英国派遣了一支舰队和5000名士兵来监视圣赫勒拿岛，每年军费开支高达800万英镑。有人称，在法国国王路易十八的兄弟阿图瓦公爵指使下，蒙托隆多次阴谋杀害拿破仑。这位公爵作为王室继承人，担心拿破仑复出推翻君主政体，因此非常热衷组织和资助暗杀拿破仑的行动。不过，也有历史学家表示，蒙托隆参与暗杀拿破仑的说法是没有确切证据的猜测，因为"他根本没机会接近拿破仑的酒杯"。

支持胃癌一说的专家并不否认在拿破仑头发中发现了砒霜，但由此引发的问题是，这些砒霜到底哪来的？有人指出，砒霜可能是拿破仑从环境中"慢慢吸收"的结果，而且这让他对这种东西产生了免疫

◎法国巴黎荣军院拿破仑墓

◎拿破仑纪念章

力。当时的墙纸、弹药、老鼠药、火柴和海产品中都含有砒霜成分。

由于那根证明"中毒说"的头发是在拿破仑被流放前提取的，且里面已含有许多砒霜。巴黎警察局毒药实验室主管因此指出，如果砒霜是拿破仑死因的话，这位领袖在流放前就"至少死了3次"。虽然人们对拿破仑的死因争论不休，但法国人提起这位曾经叱咤风云的皇帝，仍感到十分自豪，因此他的墓碑前每天都围满了参观者。

林肯遭枪杀之谜

亚伯拉罕·林肯是19世纪中期，美国北方资产阶级民主派的代表人物，也是美国历史上的第十六任总统。他在任职期间提出了废奴主张，并领导美国人民取得了南北战争的伟大胜利。

1860年11月林肯成功当选为美国第十六任总统。南方诸州不满这一结果，在其上台后的3个月中，先后有11个州退出联邦，组成新美国政府，推举出总统和副总统，并制定了新宪法。奴隶主分裂了联邦，开始公开叛乱。

美国国内形势十分危急，内战一

◎林肯

触即发，北方政权岌岌可危，宣誓就职后的林肯面临着严峻的考验。1863年4月12日，萨姆特要塞一声炮响，南北战争拉开帷幕。

战争进行了一年，但战场上的情形却几乎没有进展，黑奴问题也没有解决。原因是林肯政府一直

◎林肯在撰写《解放黑奴宣言》初稿

认为，战争只是为了维护宪法和联邦的统一。当时的林肯综合各方面的意见，做事非常谨慎，认为立刻废除黑奴制不妥。人民与资产阶级左派对他的做法感到不满，并不支持他。

◎正在演讲的林肯

1864年元旦，林肯签署了"联邦成立以来美国历史上最重要的文件"——《解放黑奴宣言》。此举赢得了全国人民与资产阶级左派的支持，并因此扭转了战争局势。

1865年4月，美国内战终以北方的胜利而告终。林肯开始忙于战后的重建工作，他希望总统任期结束后，能回家乡去开一个律师事务所，但他的愿望没有能够实现。

1865年4月14日晚，在首都华盛顿，林肯邀请格兰特将军及夫人去福特剧院观看歌剧《我们美国的表兄弟》。在去陆军部的路途中，林肯忽

然有一种不祥的预感，他停下车犹豫起来，觉得自己是不是应该取消去剧院的计划，但很快便放弃了这个念头。为了自身的安全考虑，他亲自要求作战部长斯特顿派一个名为埃克特的陆军上校来做自己的保卫，但斯特顿通知总统，埃克特早已在当晚安排了任务，后来只得委派一名叫布莱恩的军官作为总统当晚身边的警卫官。

演出十分精彩，剧情慢慢发展到高潮，有人悄悄走进了总统的包厢。不久传出一声枪响，子弹击中了总统的后脑，总统应声倒下，再也没有醒来。4月15日清晨7点22分，虽然医生全力抢救，但仍是回天乏术，林肯总统命赴黄泉。

枪击林肯后，慌乱中的凶手急于逃跑，不慎碰伤了自己的脚，警察沿着血迹找到了他，并开枪将其击毙。

◎林肯雕像

刺杀总统的真凶究竟是什么人？他怎么能在有警卫的情况下溜进包厢？人们对这些问题都希望能有所了解，可直接犯罪嫌疑人已被击毙，只好通过其他途径来了解事实。

一番调查之后，事情终于初现端倪。凶手是一位名叫约翰·韦克斯的职业演员，据说在内战爆发初期，他是站在北方这边的，但后来不知为什么却突然支持南方政权。他曾不止一次地对人说有朝一日一定要杀死林肯，这样不但一下子除去了这个新执政者，而且杀掉林肯会使自己出名。他刺杀总统的原因真的如此简单吗？当然这只是官方的调查结果，官员是这样向民众解释的。但很多人都不相信这种说法，他们认为刺杀总统一案一定是一个阴谋，有不可告人的内情。

林肯在去剧院之前曾有过不祥的预感，而且还对作战部长点名要求要埃克特陆军上校担任自己的警卫，作战部长借口说埃克特上校当晚要执行别的任务而改派他人。事实上，埃克特那晚根本就没有执行什么任务，他在家里待了一晚上，作战部长为什么要说谎？后来派去顶替埃克特的布莱恩，一向行为不轨，认识他的人对他都没什么好印象，但林肯夫人却亲自点名要他保卫林肯，其中是否藏着什么玄机？至于对凶手的追捕，抓活口也不是不可能的，可最终却把唯一的直接参与者击毙了，是谁开枪打死他的？又是谁下命令要把凶手杀死的呢？更令人奇怪的是，在后来的凶手缉拿报告

◎林肯蜡像

中，人们惊奇地发现上面居然写着：凶手系自杀身亡。

一般认为，林肯遇刺的原因是他的政策对南方不利，激怒了南方叛党，而且他在南北战争中，成功领导北方打败南方，取得了反对南方分裂运动的胜利。南方叛乱分子对他恨之入骨，必欲除之而后快。

1861年3月4日，林肯准备到华盛顿宣誓就任美国第十六任总统。当他从家乡前往华盛顿时，美国南方联邦所派的特务便计划在路上刺杀他。林肯事先得到风声，从另外一条路来到华盛顿，避免了这次暗杀。

林肯就任后，南方叛党开始进行更为频繁的谋杀行动，一心想将林肯置于死地。他们甚至在报纸上刊登了一则广告：我愿意前往华盛顿击毙林肯和西华德，只要邦联政府（即南部邦联，美国南北战争时期，脱离联邦的南方11个州所组成的政府）出资100元作为我的酬劳。有意者请函信箱119号。

◎林肯纪念堂

由于经常发生恐吓事件，林肯周围的人非常担心他的安全问题，他们经常提醒林肯要小心。面对这一切，林肯表现得镇定自若，他用两个大纸袋把恐怖分子寄来的恐吓信都装在里面，并在纸袋外面写了"暗杀"两个大字。虽然他表现得满不在乎，但早已有心理准备。

林肯是一个政治家，在那场关系国家生死存亡的南北战争中，是他领导美国人民取得了胜利，他给黑奴带来了崭新的生活，却在和平时期的子弹下丧生。

1926年，林肯的儿子罗伯特·托德·林肯离开人世，他去世之前，把父亲的一些私人文件付之一炬。他告诉朋友，他要把那些文件毁掉的原因是这些文件里有内阁成员犯有叛国罪的证据。现在人们已无法得知他所说的情况是否属实。如果是真的，罗伯特为什么要将这些证据焚毁呢？为什么不向世人公开呢？这成为林肯之死的谜中之谜。

杀人恶魔希特勒

一、希特勒血洗冲锋队

杀人狂希特勒草菅无辜并不奇怪，但是1936年6月30日凌晨，曾为混世魔王希特勒上台执政立下汗马功劳的冲锋队，在一串机关枪的猛烈扫射之后随即在"世间蒸发"，遭受到了同样的厄运。以参谋长罗姆为首的冲锋队，对希特勒来说可算是自己人。那么对自己人为何还要下此毒手？对此研究者们进行了不少考察，大致归纳出以下一些原因：

1. 冲锋队已经完成了它的历史使命。所以，无论用什么途径，冲锋队必然会从历史舞台上退出去。

◎希特勒

2. 希特勒与罗姆之间存在着相当大的矛盾。既是患难之交，两人同时又有很大分歧。

罗姆在希特勒上台后，不仅加紧发展冲锋队，而且叫嚷着进行"二次革命"，建立真正的"民族社会主义"国家。他的这些企图使纳粹政权无法容忍，希特勒便考虑着如何把冲锋队解决掉。

3. 冲锋队与党卫队的斗争。于1925年成立的党卫队，即黑衫党，原是冲锋队的下级组织，作为希特勒铁杆卫队的党卫队，在冲锋队膨胀的同时亦迅速

◎希特勒与冲锋队

◎希特勒检阅部队

发展壮大。在争权取宠的竞争中这两支政治力量必然会发生矛盾冲突，特别是从 1929 年希姆莱担任党卫队全国首领后，双方的矛盾更为激化。

4. 冲锋队不被国防军所容。德国军队在第一次世界大战后受到限制，在冲锋队成立之初，陆军方面出于使德国武装起来的目的，对冲锋队采取的是扶持态度，把它作为后备军。但随着罗姆想要取代国防军的意图日益暴露，军界意识到其特权受到了威胁。部长勃洛姆堡强烈要求希特勒对冲锋队给予一定的限制，把冲锋队排斥在武装部队之外，只把国防军作为"武器的唯一持有者"。

希特勒在决定如何取舍两者的过程中，按理说应较为偏袒他的发迹资本冲锋队，但这样做有两大棘手的问题：一是若保留庞大的冲锋队，他将很难向欧洲各国做出恰当解释，他的外交将因此而陷入难堪境地；二是如果把国防军得罪了，继承危在旦夕的兴登堡的总统职位的野心就难以达到。所以，经再三权衡，希特勒最后决定让冲锋队牺牲掉。事实上，在血洗冲锋队之前，希特勒已得到了军界将支持他继任总统的承诺。

于是希特勒便以冲锋队阴谋"二次革命"为借口，顺水推舟地将除掉惹是生非的冲锋队和取悦资产阶级这两个目的在政治清洗中"毕其功于一役"。毫无疑问，上述四点都是事件背后的原因，但最后真正促使希特勒下定决心、付诸行动的又是由何事直接引发的呢？火药桶之导火索何在？由何人直接引爆？历史学家们还在孜孜不倦地寻求答案。

二、希特勒死亡真相

迄今为止第二次世界大战的历史依然留下许多秘密。俄罗斯出版的《第三帝国最后的秘密》（副题《希特勒消失之疑案》）一书的作者列昂·阿尔巴茨基根据史料，对希特勒于 1945 年 4 月死于自杀提出疑问。俄罗斯《共青团真理报》以《希特勒淹死在潜艇里？》为题报道了作者的谈话：斯大林不信希特勒死亡。

1956 年行政民事法庭的审判官们在听了 48 名证人的证词后曾认定：1889

◎希特勒的画

◎希特勒派飞机闪击波兰

年出生的阿道夫·希特勒公民已不在人世。但是，许多重要证人并未出庭，许多极其重要的文件并未举证，而为希特勒做过假牙的牙医及其助手这两名关键证人事后都翻供。1945 年 5 月 4 日，苏联侦察员在帝国总理府花园的一个弹坑里，发现了被推测为希特勒和埃娃的两具焦尸。斯大林接到报告后认为希特勒没死，只是隐匿起来了，他对美国和英国领导人谈了这一看法。当时，英国首相艾德礼也认为希特勒仍在世。1945 年 6 月在波茨坦会议上，斯大林说出了这一推测。根据如下：

1. 尸体血型不符

1945 年，当苏联军官把希特勒的颅骨给牙医看时，牙医认出了自己给希特勒做的几颗假牙。但是，1972 年斯大林在同德国作家马泽尔的谈话中推翻了这个说法。斯大林说，无法肯定那的确就是希特勒的颅骨；斯大林的助手也发表了同样的言论。然而，当初他俩的证言恰恰就是苏联尸检专家鉴定的依据。莫斯科犯罪学实验室对据说是希特勒开枪自尽时，在沙发上留下的血迹的鉴定表明，这不是血，而是色泽相像的液体。被认为是希特勒的那具焦尸上的血型，同希特勒的真实血型也不符。焦尸的大脑内也未发现弹痕。

当时曾流行一个说法：希特勒 1945 年 4 月 30 日在对太阳穴开枪前曾服毒，但苏联内务机关在数月后对尸体作鉴定时，未发现服毒痕迹。种种迹象表明，是替身掩盖了"元首"潜逃的踪迹：4月30日13时，希特勒同下属告别，同埃娃一起进了地堡。此后在生还的证人中，只有近侍林格一人见过死后的希特勒。其余人只见过裹在毯子里的尸体从希特勒办公室抬出，毯子里究竟是谁，他们并不知道。

既然希特勒不打算死，为什么让埃娃服毒？看来是为了让这幕戏演得更逼真些。希特勒在隔壁换了装，改变了外貌，不该知道这一秘密的人，事先都已经被清理出地堡。希特勒的副官京舍的证言说，他曾下令让警卫离开通向希特勒套间的房舍。然后，希特勒悄悄离开地堡。众所周知，4月30日午夜逃出帝国总理府防空洞的人多达4万名，希特勒很容易夹在人群中混出去。战争刚结束后的头几周，柏林和德国到处是无家可归的人，希特勒不费吹灰之力就能消失在人流中。

◎希特勒蜡像

有个细节值得注意：希特勒在跟林格道别时，命令他设法逃到西方。林格问他："这是为谁？""为元首。"林格后来在监狱里说，只有他一个人知道希特勒之死的秘密，但他永远也不会说出来。希特勒在最后时刻曾等过飞机，但白等了，因为机场已被炸毁。但他完全可能通过地铁隧道逃出。当时有10艘远洋潜艇停泊在汉堡港，艇长们接到的命令是送政府要员撤退。

2. 玻璃瓶里的证据

希特勒警卫队成员凯尔瑙供称，他在5月1日看到希特勒还活着。而且，外国报刊战后立即出现了有关希特勒撤到阿根廷（或巴拉圭、西班牙、爱尔兰）的报道。在丹麦的北海海滨发现过一只密封的玻璃瓶，里面装着一名德国潜艇水兵的信，说希特勒就在这艘潜艇上。

◎希特勒著作《我的奋斗》

潜艇撞上了沉船，破了个大洞，部分艇员逃生，但希特勒在艇尾紧闭的舱内，无法脱身。所以说，当初在帝国总理府花园内发现的尸首并非希特勒。但是，现在已无法重新鉴别了，因为苏联克格勃主席安德罗波夫曾于1970年下令，挖出并彻底焚毁埋葬在民主德国马格德堡苏军兵营里的希特勒和戈培尔全家的尸骨，骨灰随后抛入河中。有关焚毁过程的记录保存至今。希特勒是否真的逃走，至今仍然是未解之谜。

圣雄甘地

1948年1月30日是星期五，这是耶稣受难日，也是甘地人生的最后一天。这一天甘地接待了很多客人，下午4点，甘地处理了他这一天最棘手的一个问题，他力图说服帕迭尔改变主意，收回辞呈。一向守时的甘地因此耽误了10分钟才赶到晚祷会场。

5点10分，甘地在摩奴与阿巴的扶持下走向通往晚祷会场的草坪。就在甘地即将走向平台的一刹那，早已潜伏在此的国民公仆团的头目纳图拉姆·戈德森跑到甘地面前，他先向甘地鞠躬行礼，口中低

◎甘地

声说道："圣父，您好！"然后猛然推开摩奴，从口袋里掏出手枪，顶住甘地赤裸的胸口连开几枪，殷红的血立刻染红了洁白的土布拖地，甘地双手合十，似乎想迈出最后一步，口中喃喃念道："神啊！"随后徐徐倒地。倒地时，这一双手合十的姿势依然未变。这位终生提倡"非暴力"的老人就这样死在了狂热分子的枪口之下，结束了他那不平凡的一生。

凶手打死甘地后并未趁机逃走，反而大声呼喊警察，束手就擒。凶手纳图拉姆·戈德森是一个狂热的印度教徒，出身婆罗门，他奉行素食，节欲，早年崇拜甘地，投身不合作运动，并因此而入狱。1937年，他受沙瓦迦尔的影响，参加了以复兴印度教统治地位为目标的印度教大会，并创办了"国民公仆团"。在法庭上，他用结结巴巴的英语发表演说，说自己是为了印度母亲而向被称作印度父亲的甘地行刺，因为甘地对于印度"没有尽到一个父亲的责任"。

◎甘地遗物

甘地被抬进房间，人们把他放在卧榻上，阿巴为血迹斑斑的甘地盖上被子。人们开始清理他的遗物：一架木纺车，一双拖鞋，3只小猴雕像，一本《薄伽梵歌》，一只怀表，一个痰盂和从耶拉伏达监狱带回来的一个金属洗脚盆。

印度举国上下沉浸在无限哀伤之中。一望无垠的恒河平原上，再也看不到一缕炊烟，大地一片沉寂，只有甘地生前最喜欢听的赞美诗在上空低徊盘旋。在浦那城，愤怒的群众难以遏制满腔怒火，他们力图冲破警察的警戒线，要捣毁国民公仆团及其机关报《印度民族报》社址。

甘地殉难的比尔拉寓所成为全国最催人泪下的所在地。甘地的遗体安放在比尔拉寓所一楼的平台上，上面撒满玫瑰和茉莉花瓣，五盏油灯环绕四周，象征自然界的四大组成部分——火、水、空气和土地，以及将他们连为一体的阳光，成千上万的群众来到这里，最后看一眼他们的救星。

甘地的遗体上覆盖白红两色布单和独立印度的三色国旗。为了尊重甘地极为厌恶现代机械化的思想，灵车由 250 名士兵用四条长麻绳牵引徐徐移动。送葬行列以 4 辆装甲车和总督卫队为前导，这是有史以来驻印总督的古老卫队的骑兵们第一次向一位印度人致敬。

◎甘地与印度最后一任总督蒙巴顿勋爵夫妇在一起。

送葬队伍后面跟着首尾不能相望的不同种姓、宗教、种族、肤色的群众队伍。在通往亚穆纳河长达 8 千米的路上，撒满了玫瑰花与茉莉花。沿途各处的人行道上、河堤上、树枝上、窗户上、屋顶上和电线杆上，到处是等候与甘地诀别的人群。整整 5 小时，人流不断加入送葬队伍。在亚穆纳河河滨广场，还有数十万群众等候在那里。甘地墓位于印度德里郊外朱木拿河畔，芳草萋萋，绿荫如盖，一代圣雄从此长眠。

凶手为何要刺杀甘地呢？莫汉达斯·卡拉姆昌德·甘地于 1869 年 10 月 2 日出生于印度西部的波尔班达尔城，属于吠舍种姓。从甘地祖父开始，甘地家族一直担任当地小土邦的帝万（首相）。甘地小时生性腼腆，身体瘦弱，中学毕业后，他决定到英国留学，这在当地引起轩然大波。在英国期间，由于他不善言辞，生性腼腆，加上服饰古怪，受到英国同学的嘲笑。他一门心思发奋苦读，获得律师资格。

1891 年 22 岁的甘地回到印度，但他做律师并不适合。1893 年，接受朋友的建议，甘地在南非重新开始他的律师事业。在南非期间，有一件事给了他刻骨铭心的印象：当时，南非种族歧视十分严重。有一次，甘地乘火车前往比列陀利亚办事，他坐的是头等车厢。途中上来一个白人，他对甘地从头到脚打量了一遍，然后离开车厢，叫来两名官员。其中一名官员粗暴地命令甘地离开头等车厢到三等车厢，甘地据理力争。火车到站后，官员叫来警察，把他连行李一起扔出了头等车厢。甘地只好在一个陌生小站上度过了寒冷的冬夜。这件事让他意识到，必须与种族歧视进行坚决斗争。

1915年，甘地回到祖国，全身心投入印度人民争取民族独立的斗争。甘地发展了自己在南非时就已形成的"非暴力抵抗"思想，对殖民政府展开"非暴力不合作运动"。为了抗议英国殖民统治者屠杀阿姆利则城千余印度人民的暴行，甘地带头绝食。为了吸引印度广大农民参与民族运动，他赤裸上身，腰间围一块土布，每天亲自纺纱织布半个小时。为了抗议"食盐专卖法"，61岁的甘地带领79位门徒步行400千米，亲往海边举行宗教洗礼仪式，结果身陷囹圄。

1947年8月31日早晨，为了使加尔各答恢复埋智，平息宗教仇恨之火，拯救数百万无辜者免于死亡，甘地对外发表声明，决定从9月1日起开始绝食，一直到动乱结束，不成功便成仁。此时的甘地已是78岁高龄。

◎甘地故居

甘地绝食的消息几小时就传遍了加尔各答城。从第2天早晨起,前来海达利公馆询问甘地健康状况的人越来越多,印度教徒和穆斯林一起在暴行肆虐的贫民区游行,呼吁恢复秩序与平静。中午时分,一名市区的极端分子来到海达利寓所门前,承认了自己的罪恶活动,当晚,全城恢复平静。印度教徒、锡克教徒和穆斯林显要人物起草了一项共同声明,庄严保证阻止宗教仇恨再起。甘地不惜牺牲生命以捍卫和平的举动,终于制止了加尔各答暴乱的蔓延,他因此获得了极高的声誉。

◎甘地像

1947年岁末的日子,甘地始终沉浸在莫大的悲伤之中,印度的分治给他的心灵以致命的创伤,终生宣扬非暴力却无法改变印度内乱四起的现状,旧日印度的一切落后的东西并未在新生的印度中消逝,这一系列现实令甘地无限感伤;而现在他又发现那些追随他革命的同志登上政权宝座后,丝毫无意执行他的理想,他与他们之间的鸿沟越来越大。

甘地指责印度政府日益腐败,谴责各部部长举行盛大豪华的酒宴而不顾数百万难民死活,指责印度的新生知识分子打算使国家工业化,而不关心农民利益,他建议这些知识分子应到农村去,与农民同吃同住同劳动,以了解农民的真实需要。由于他的尖锐言论,令新政府领导大为不悦,他们渐渐不愿再征询甘地的意见。

除了这些烦恼外,当时困扰甘地的还有两大问题,一是首都新德里的局势。政府借助于武力暂时维持平静,但是各种隐患依旧存在,一些人骨子里暗藏杀机,暴乱随时可能再度发生。二是政府对巴基斯坦的态度。国大党拒不偿还分给巴基斯坦的五亿五千万卢比的款项,想从经济上扼杀它,甘地认为这是一件极不体面的事,有损印度的精神传统。

甘地决定再次进行无限期绝食，直至新德里恢复平静和政府答应偿还巴基斯坦的款项。1948 年 1 月 13 日，甘地开始了一生中最后一次绝食。

　　由印度教极端分子组成的国民公仆团获悉甘地进行绝食的原因，增加了他们的仇恨心理。他们认为甘地此举无异于政治讹诈，他们准备立即铲除甘地。

　　14 日上午，甘地体重仅有 49.5 公斤。1 月 17 日晚，甘地大部分时间陷入昏厥与谵妄状态，脉搏微弱而不规则，身体各重要器官的功能已经开始崩溃。1 月 18 日上午，甘地处境危急，很快将进入长时间的人事不省。国大党主席紧急动员，他派出一帮人前去寻找甘地所要的签字，自己带了一帮人亲自前往比尔拉寓所。不一会儿，各派代表终于聚齐，其中包括印度教极端分子及国民公仆团的神秘代表，他们都已在 7 项声明上庄严签字，并依次走到甘地卧榻前，亲自确认自己的庄严保证。

　　甘地获得了这场绝食的全部胜利，但执着的老人仍不肯中止绝食，他在死亡的边缘，用尽浑身力气，口授了一项声明。他希望各派代表不仅要保证新德里的平静局面，而且应使全印度都能从根本上消除不安定因素。他说：最大的

◎甘地陵墓

错误观点，莫过于认为印度只属于印度教徒，或认为巴基斯坦只属于穆斯林。虽然要改变全印度和巴基斯坦人民的意识是件艰苦的事，但只要我们齐心协力，任何事情都是可以办成的。甘地讲话后，在场的所有人一一俯身表示了他们的庄严承诺，当最后一个人立下誓言后，甘地宣布停止绝食。

1948 年 1 月 20 日下午，甘地按时举行晚祷，进行中，突然有人向平台上投掷炸弹，炸弹在甘地身边响起，引起人群慌乱，然而甘地却安然无恙。投掷炸弹的凶手当场被警察抓获，另一批来不及下手的凶手落荒而逃。

暗杀事件发生后，新德里警察局从刺客口中得知了炸弹案的幕后操纵者及活动计划的若干情况，但却没有将所有阴谋分子一网打尽。

巴顿将军车祸谜案

美国陆军四星上将乔治·巴顿在第二次世界大战时叱咤风云，身经百战。作为一个军人，他没有献身在战场上，却死于战后的一次车祸，真是叫人慨叹造化弄人，然而他的死留给后人的也是一个谜团。

1945 年 12 月 9 日，乔治·巴顿在德国曼海姆附近遭遇车祸，因身受重伤，抢救无效，于 1945 年 12 月 21 日在海德堡医院不幸去世。

霍雷斯·伍德英是乔治·巴顿将军的一级专人司机。关于这

◎巴顿

场不幸车祸，他是这样描述的：

1945 年 12 月 9 日，一个周日的早晨，天气很晴朗，但是有点儿冷。巴顿将军要和盖伊少将去养雉场打猎，霍雷斯·伍德英开了一辆 1938 年出厂的超豪华凯迪拉克送他们去。

巴顿将军第二天早上将搭乘艾森豪威尔将军的专机离开这里。他的行李都已经运到飞机上了。这将是他最后一次打猎。

大家离开巴顿将军的司令部前往狩猎场，途中他还参观了山顶的一座城堡。

从城堡出来，轿车行驶在高速公路上，在进入曼海姆郊区的 38 号公路时，在一个宪兵检查站停了下来，将军上了右后方的座位，盖伊少将坐在左后座上。

◎巴斯顿将军（右）与士兵们探讨军事

在 38 号公路上，他们在火车道前停下等火车过去。

火车过去后，他们经过了军需仓库，将军观察了一下，评论了几句，这时司机注意到离火车道六百码处，有两辆大卡车。当他把车发动时，其中一辆也从路边开过来，向着巴顿将军轿车的方向慢慢接近。同时另一辆卡车由相反方向驶近。

巴顿将军的司机只有迅速踩了刹车，这辆 2.5 吨重的卡车只撞到了右边的挡泥板，而巴顿将军的车却结结实实地撞到右边的底盘上了。巴顿将军被惯性向前甩去，头部重重地撞在司机席后面的围栏上，那时隔板玻璃被降得很低，它几乎把将军前额的头皮掀起，创口在眉骨上方大约7.6厘米处，脊柱完全裂开。

车被撞到 3 米开外的地方。

当时大约是上午 11 点 45 分……

将军那时还有知觉，咒骂了几句。

5 分钟内宪兵队赶到了。

大约是车祸发生后一个小时，12 点 45 分，巴顿和衣躺在医院里，他那时还比较清醒。微微颤抖着，似乎知道自己前景不妙，四肢不能动，脖子以下没有知觉。

真是一场可怕的事故，最令人吃惊的是，除巴顿将军外，另外两人都完全没有受伤。巴顿将军脊柱严重错位，头骨也受了重伤。

巴顿将军在医院抢救期间，报纸和电台长篇累牍地报道巴顿将军的病状，祝福的电报、信件和卡片从四面八方像雪片一样飞来，表现出人们对巴顿将军的关心与爱戴。大家都希望他早日康复，犹太战区、爱尔兰战区、国外战区和美国地区的老兵："最诚挚地祝愿美国最伟大的战斗英雄早日康复。"

令人欣慰的是，经过医生精心救治，巴顿将军的情况有了很大的进展。很

◎巴顿将军（左三）与其他领导人合影

快，他的一条胳膊变得更加有力，一条腿也有了些微弱的知觉。

巴顿将军受伤住院一周后，医生们认为他已脱离危险，至少是性命无忧了，但能恢复到何种程度仍无法预知。他们变得乐观起来。

但唯一不那么乐观的似乎是巴顿夫人，她知道可能出现栓塞，她也知道巴顿将军15年前腿骨折，差点儿死于血栓。"如果他不出现血栓，就一定能渡过难关。"巴顿夫人如是说。但是，12月20日下午，血栓没有预兆地突然发生了。巴顿将军的情况急转直下，令医生们束手无策。12月21日5点55分巴顿将军停止了呼吸，死因无疑是血栓和心肌梗死。

巴顿将军死了，人们感到导致他遇难的车祸十分可疑。当时轿车里共有三人，其他两人皆毫发无损，为何偏偏只有巴顿将军罹难呢？此外，肇事司机居然在案发后能够溜掉，也让人感到不可思议。

在巴顿的201号卷宗中，有他服役期间的全部文件，可唯独没有关于他遇难情况的材料，伤亡人员管理科也没有把有关事故的文件归档。宪兵队队长巴巴拉斯中尉是当时最接近现场的人之一，他根据调查得来的材料

◎巴顿海报

做出这样的结论：两部车的司机因驾驶不够小心酿成车祸。但奇怪的是，连这样的报告后来也下落不明。据调查，现存的文件中只有巴顿的司机伍德林的一份证书，可这份证书上曾有明显被涂改过的痕迹，且上面的用词造句能力已经超出了司机当时的文化水平。根据这些极其反常的情况，人们推断巴顿不是死

◎巴顿博物馆

于车祸，而是死于谋杀。那么，是谁又是什么原因非要置巴顿于死地而后快呢？

有人认为，巴顿之死是他的上司们精心策划的。第二次世界大战结束后，巴顿成了亲德派。他一意孤行，想联合希特勒德国几个未受损失的党卫军师，挑起一场可怕的对苏战争。巴顿还三番五次地对抗美军高级将领们制订的行动计划、日程安排和作战方案，甚至发展到随心所欲的地步。所以，当欧洲战争结束后，巴顿的同事们先后调到亚太战场，而只有巴顿仍留在欧洲。据分析，这便是巴顿被密谋处决的信号。更令人吃惊的是，美国的某些历史学家和战史研究专家甚至还推断艾森豪威尔是这个事故的同谋。大战期间，巴顿多次公开蔑视和指责盟军总司令艾森豪威尔的战略指导和战术部署，巴顿的行为影响了艾森豪威尔接替马歇尔出任美陆军参谋长。当时艾森豪威尔的心腹们正打算推举他当美国总统，而巴顿很可能从中作梗，于是，这些人便阴谋杀害巴顿。

据英国《星期日电讯报》报道，美国军事历史学家罗格特·威尔科斯近日推出的一本名为《目标，巴顿》新书披露，美国第二次世界大战名将巴顿是遭暗杀身亡的，由于他威胁要披露盟军领导人的失误而惨遭灭口。

威尔科斯在新书中称，中情局的前身战略情报局局长多诺万曾多次下令立功受奖的神枪手道格拉斯·巴扎塔暗杀巴顿。威尔科斯的新书包括对巴扎塔的采访和其日记的摘录，详细叙述了巴扎塔是如何设置车祸假现场，他当时驾驶一辆军用卡车与巴顿的卡迪拉克相撞，随后用一发低速子弹击中了巴顿，巴顿的脖子被打断，巴顿车上的其他人员都毫发未损。巴扎塔还暗示，当巴顿的身体开始恢复后，美国官员没有采取有效的安保措施，任由克格勃的前身苏联内务人民委员会的特工下毒毒死了巴顿。

　　威尔科斯称，当他对巴扎塔进行采访时，他的内心处于挣扎状态，他在反思自己的杀人行为。巴扎塔供认，他奉多诺万局长的命令制造了车祸。威尔科斯称："巴扎塔对我说：'我们遇到了一个可怕的情况，那位伟大的爱国者已失控，我们必须挽救他，避免他毁掉联军所取得的一切成果。'我相信巴扎塔。"巴扎塔的生平很具有传奇色彩，他是1944年诺曼底登陆之前，降伞至法国帮助组织法国抵抗行动的精锐部队成员，因战功而获了四枚紫星勋章、优

◎巴顿领导战争时所用过坦克

异服务十字勋章，三枚法国十字勋章。他在战后成了一位著名的艺术家，赞助者包括摩纳哥葛丽丝王妃、温莎公爵夫妇。他最后成为里根政府时期海军部部长约翰·莱曼的助手，莱曼后来曾任"9·11"委员会委员、美国共和党总统候选人竞选阵营的顾问。

◎巴顿穿过的衣服

威尔科斯还找到并采访了美国陆军反间谍部门军官斯蒂芬·斯库比克。斯库比克称，他获悉巴顿在斯大林的暗杀名单上，曾多次向多诺万报警，但却被调回国。威尔科斯称："我有两个确凿的证据，有证据显示，是俄罗斯人最终结束了巴顿的生命。"这一说法听起来很牵强，但是威尔科斯的材料说明美国官员曾就此进行过掩盖，至少五份有关巴顿车祸情况的文件从美国的档案中被撤除，卡车司机在遭到询问之前被送往伦敦，对巴顿的尸体也没有进行尸检。在底特律一位凯迪拉克车专家的帮助下，威尔科斯还证实，在诺尔斯堡巴顿博物馆展出的车并不是巴顿出车祸时所乘坐的那辆车。

巴顿曾指挥美国第三集团军，在诺曼底登陆后攻占了法国的大片土地，但盟军最高指挥官艾森豪威尔制止了他在苏军之前进入柏林的雄心。巴顿认为，艾森豪威尔1944年秋天错误地阻止他关闭"法莱斯缺口"，这使数十万德军逃出了包围圈，德军随后发动了阿登战役，数千美军在战役中丧生。为了安抚斯大林，第三集团军在抵达德国边境时被令停止前进，未能在苏联人之前夺取柏林或布拉格。威尔科斯称："巴顿当时正准备辞去军队的职务，他想与俄国人开战，政府认为他疯了。他还知道可能毁掉许多人前程的战争机密。如果巴顿活着说出他想说的一切，我不认为艾森豪威尔能成功竞选总统。我认为，如果上法庭的话，我有足够的证据让陪审团提出起诉，但不一定能得到有罪判决。"巴顿历史学会主席查尔斯·普罗旺斯称，他希望这本书将能够使披露阴谋的确凿证据出现。他说："有许多人因为巴顿的死而

◎巴顿纪念馆里陈列的巴顿用过的枪

欢呼雀跃，他当时正准备说出许多足以毁掉他们前程的事情。"

　　还有人认为巴顿之死与黄金有关。第二次世界大战期间，美军在德国地下矿井米滕瓦尔德发现了德军埋藏的大批黄金。不久，美军的一些高级将领偷走了这批黄金。巴顿闻讯后十分恼火，亲自领导此案的侦破工作。当盗窃案水落石出的时候，巴顿下令逮捕这些将领，并决定判处他们极刑。可就在这个时候，巴顿突然命丧黄泉。由此看来，巴顿很可能死于那些军官们的暗算。巴顿死了，他的真正死因至今还是一个未解之谜。

肯尼迪遇刺之谜

　　1963年11月，已经就任三年的美国总统肯尼迪，在内政和外交上表现杰出。他不仅成功处理了上任之初一直困扰美国政府的"古巴导弹危机"，"柏林危机"，缓和了紧张对峙的美苏关系，而且对国民采取的温和扶助政策也深得民心，因此赢得了越来越多美国人的爱戴和支持。面临1964年的新一届总统大选，肯尼迪为了帮助所在的民主党开展竞选活动募集资金和为谋求连任做准备工作，计划了这次达拉斯之行。

　　为了让热情的达拉斯市民一睹总统夫妇的风采，肯尼迪所乘的林肯轿车没

◎肯尼迪

有安装防弹罩，市民如愿以偿地看到了他们心中的总统，却也将他无情地暴露在了刺杀者的枪口下。

中午12点，总统车队以每小时15千米的缓慢速度驶入达拉斯市，市民对总统的到来表现出极高的热情。总统车队先是由迪利广场入口进入了休斯敦大街，接着左转行至埃尔姆大街，12时30分，正当肯尼迪和妻子杰奎琳向市民频频挥手致意的瞬间，一颗急速飞至的子弹深深嵌入了肯尼迪的喉咙，紧接着是致命的第二颗，这一次，子弹击中了肯尼迪的后脑，顿时脑浆四溅，鲜血流满全身。

几分钟之后，肯尼迪便躺在了手术台上，但由于伤势过重，最终于美国时间中午13点抢救无效而亡。另据为肯尼迪做最后仪式的牧师透露，很有可能

◎肯尼迪遇刺前的照片

在去往医院的路上，总统就已经死了。

　　至于那个杀害肯尼迪的凶手，达拉斯警方在刺杀事件发生80分钟后在一个电影院里将其逮捕归案。凶手名为李·哈维·奥斯瓦尔德，是教科书仓库大厦的一名员工。与此同时，警方还在枪杀事件后不久，于教科书仓库大厦6层发现了一支6.5mm×52mm的意大利产卡尔卡诺M91/38手动来复枪，外加一颗军火序列号为C2788的子弹。它与现场发现的子弹类型相同，且枪上粘有奥斯瓦尔德的部分指纹。

　　凶手当天晚间即被转至警察总署接受审讯，然而就在审讯后的第三天，奥斯瓦尔德竟在有70名警务人员押送的情况下，被一个名叫杰克·卢比的夜总会老板枪杀在警察总署门前。在刺杀事件发生后的第七天，由继任总统约翰逊

◎为纪念肯尼迪而建造的肯尼迪号航空母舰

◎印有肯尼迪头像的银币

任命的调查谋杀事件的沃伦委员会成立了。10 个月之后，委员会呈上了一份近 20 万字的调查报告，得出结论称："暗杀总统纯属奥斯瓦尔德的个人行为，没有发现任何证据证明有人帮助奥斯瓦尔德制订谋杀计划或组织其实现。"

到此为止，肯尼迪遇刺案仿佛已经真相大白，然而，沃伦委员会的调查报告并未让众人信服。事实上这起谋杀事件中的重重疑点，引起了越来越多人的广泛猜测。一个后来成立的官方调查委员会——众议院遇刺案特派委员会，从 1976 年到 1979 年再次对总统遇刺案进行了详细的调查取证，并得出结论认为，奥斯瓦尔德刺杀肯尼迪绝不是个人行为，甚至奥斯瓦尔德的凶手身份都有待于进一步证实。

对肯尼迪总统的遗体和大脑伤口，人们也众说纷纭，一些证人和证词甚至互相矛盾。

负责解剖肯尼迪遗体的海军医疗中心 X 光摄影师称：他在给总统遗体拍照后，联邦调查局特工坚持亲自显影，并拿走了胶卷和全部底片。他后来发现，许多底片失踪了，用来摄影的胶片在拍摄完成后也"曝光"了，剩下的只是一些模糊难辨的、不知出自何人之手的照片。

根据其中的一张照片显示，躺在验尸台上的肯尼迪总统，脸部毫无损伤，眼睛睁着，嘴唇似乎还在微笑。

曾在验尸时协助工作的达拉斯市退休警官保罗·奥康纳证明说，当时他站的位置正好在肯尼迪的头部。在把肯尼迪的尸体抬上验尸台时，他的手曾接触到肯尼迪的头部，并发现总统的后头部被射穿，但脸部完整无伤。

但是根据弹道学家的分析，如果是 M·C·6.5 毫米步枪子弹击中的话，子弹射出的强大压力会大大破坏脸的右前侧。因此，肯尼迪脸部的右半侧会被轰碎，不可能如此完整。

还有说法是：凶手并不是从后面向肯尼迪开枪，而是从前面将子弹射入总统头部的。某些人将这颗子弹偷偷取了出来，并将弹道破坏，以便掩盖子弹真实的飞行方向，并且还设计了新的轨迹经过肯尼迪头后部的弹道。

◎肯尼迪与子女们

于是总统的遗体再一次被解剖。当时负责解剖尸体的军医说：总统头部的伤口大概有 10mm×20mm，颅腔内空无一物，甚至连大脑也不见了。当时所有的人都异常惊讶，并在拍了照片后用海绵填塞了颅腔。

后来，肯尼迪的脑子与解剖时的照片和 X 光片被保存到国家档案馆。但 1966 年 10 月，这些资料统统不翼而飞。

1992 年，曾经参与过抢救总统的帕尔克林德医院的医生克林绍出版了《约翰·肯尼迪——打破沉默》一书。书中称：总统被送来抢救时，整个大脑右半部都没有了，根据头的右部情况可以断定，子弹是从总统右边太阳穴几乎沿着切线打穿颅骨的，并损伤了头顶和后脑勺骨。克林绍当时还检查出肯尼迪的喉结下部有第二处伤口，其入口似自来水笔直径一般大小。他完全确认，总统头部的两处伤口，是前面两次射击的结果。

后来在政府公布的总统尸体的照片上，克林绍却发现肯尼迪的头部被做了手脚：总统颅骨后部皮层被拉过来盖在伤口上，其右边约10厘米的伤口经过外科修整已并不明显，这很容易使人们相信子弹是从总统的背后射来的。

美国政府是否掩盖了暗杀总统约翰·肯尼迪的真相？有关这一问题的答案可能会被揭开。据俄罗斯《真理报》2006年5月24日报道，负责调查肯尼迪死因的官方调查团——沃伦委员会曾在调查报告中指出，前总统肯尼迪成为"李·哈维·奥斯瓦尔德（刺杀肯尼迪的凶手）个人行为下的牺牲品"。据悉，沃伦委员会是美国前总统约翰逊组建的肯尼迪死因调查团。不过，有关肯尼迪遇刺的原因，美国社会还流传着其他不同于沃伦委员会调查结果的诸多版本，其中可信度较高的版本指出，有两个以上的人在1963年11月22日枪杀了肯尼迪，并称美国政府掩盖了刺杀肯尼迪的真相。

据了解，新组建的调查团成员，包括美国国会前首席分析家道格拉斯·霍恩就属于那些对官方公布的肯尼迪死因产生疑问的人之一。其他成员还有来自

◎肯尼迪之墓

明尼苏达州的历史学家詹姆斯·费策尔和放射性肿瘤学家大卫·曼蒂克。同时，美国著名作家托马斯·利普斯科姆也将加入到调查团中，并将特别公布他掌握的与沃伦委员会先前出示的证据有很大差异的证据资料。

据透露，利普斯科姆已找到证据表明：沃伦委员会曾经出示的肯尼迪遇刺现场的录像，显然被某个不知名的组织删减过。在肯尼迪遇刺现场，一位名叫亚伯拉罕·泽普鲁德的目击者拍摄下来的影像资料，成为沃伦委员会出示的主要物证。但新调查团有成员还透露说，由泽普鲁德拍摄的这段长达 26 秒的影像资料，只是现存的有关肯尼迪遇刺现场的 8 份影像资料之一，目前调查者正试图查找到其他影像资料。

该报道介绍说，新调查团将出示的新证据支持肯尼迪遇刺为"中情局阴谋"之说。在有关肯尼迪遇害的"中情局阴谋"版认为，中情局可能在肯尼迪的尸体解剖过程中用他人的头颅替换了肯尼迪的头颅。

谁是杀害肯尼迪的真凶？神秘特工是凶手还是替罪羊？谁是刺杀事件的策划者？这一切仍然是未解之谜。

"印度国母"遇刺之谜

英迪拉·普里雅达希尼·甘地（1917—1984 年），是印度独立后首任总理贾瓦哈拉尔·尼赫鲁的女儿，是印度近代最为著名及存有争论的政治人物之一。她分别担任两届印度总理，在最后任期内遇刺身亡。她一方面为印度在冷战时期的发展做出了不少的贡献，但另一方面亦因政治管理上的方针而令其政绩蒙上阴影。因其领导印度的 16 年间的政治方针相当硬朗、立场坚定，故后人亦称其为"印度铁娘子"。

英迪拉·甘地于 1917 年出生在印度北方邦的名城阿拉哈巴德。她的祖父潘迪特·蒙蒂拉尔·尼赫鲁是印度著名律师，曾任国大党主席。英迪拉·甘地就降生在她祖父用打赢一场官司所得的收入建造的阿南德宫，又称欢喜宫。英

◎英迪拉·普里雅达希尼·甘地

迪拉·甘地的父亲潘迪特·贾瓦哈拉尔·尼赫鲁是著名的国大党领袖，他曾长期从事反对英国殖民主义的斗争，并出任印度独立后的第一届总理。她的母亲卡麦拉·尼赫鲁也是反英斗士。英迪拉·甘地自幼受到家庭的熏陶，具有强烈的民族主义精神。

12 岁那年，英迪拉·甘地便组织一群孩子成立"猴子队"，为国大党送水做饭，张贴标语，传递情报。1938 年她加入国大党，此后曾因从事反英活动被捕入狱。1947 年印度独立以后，英迪拉·甘地便担任她父亲尼赫鲁总理的私人秘书，陪同他出访了中国、苏联、美国、法国等，还参加了万隆会议等重要的国际会议，会见过周恩来、纳赛尔、苏加诺等国际知名人物。1959 年，她当选为国大党主席。1964 年尼赫鲁遇刺身亡后，英迪拉·甘地担任过新闻和广播部长。1966 年她始任国大党议会党团领袖，并出任印度总理。

1969 年，国大党分裂，产生了以英迪拉·甘地为首的国大党执政派，也称英迪拉·甘地派，这一派在 1971 年的大选中获胜，英迪拉·甘地蝉联总理。从此以后，英迪拉·甘地名声大振，被称为印度的"女皇""世界上最有权势的女人"。但到 1977 年，由于各种原因，英迪拉·甘地暂时退出政界。3 年后她东山再起，重登总理宝座。在这一时期，印度国内宗教、民族矛盾尖锐，政府与锡克教徒多次发生冲突。

在英迪拉·甘地统治的早期，锡克教教徒一直争取着更大的权益和认同。他们在旁遮普邦占有多数地位，亦建有著名锡克教庙宇——金庙。在 1984 年大选前几年，不断有锡克教徒与印度教徒的冲突事件发生。当时，占全国大多

数人口的印度教徒希望政府保障他们的安全，而英迪拉派国大党为了在大选前树立起自己的形象，在 1984 年 6 月 3 日，下令印度陆军攻入金庙。这次事件中有 646 人死亡，4712 人被拘捕。而伤亡者和被捕者都以锡克人为主。这次军事行动被锡克教人认为是政府对圣地的亵渎以及对锡克人的屠杀，所以某些锡克极端分子便扬言要杀死英迪拉·甘地报复。当时，总理府的安全顾问曾提议英迪拉·甘地撤走在她身边的锡克教人士，但英迪拉·甘地为避免印度教和锡克教双方矛盾加剧而婉拒。无奈之下，这件事亦为她的死亡种下了祸根。

◎印度金庙

1984 年 10 月 31 日，上午 9 点刚过，印度总理英迪拉·甘地同往常一样离开她在新德里的寓所，步行前往政府大厦南区的总理办公室。突然，她的一个警卫用冲锋枪瞄准了她，随着一阵枪声，8 颗子弹射进了她的腹部和胸部。与此同时，另一个副警官也用左轮手枪向她射击。在英迪拉·甘地倒在血泊中的一刹那，另外两名警卫向凶手开了枪，打死两人，抓获一人，他们都是锡克族人。立即采取的抢救措施没能挽救英迪拉·甘地的生命，下午 1 时 20 分，这位继承了父亲尼赫鲁的事业，为印度的独立和繁荣奋斗了一生的政治家，不结盟运动的领导人之一，永远离开了她所热爱的世界，享年 67 岁。在她遇刺身亡的消息传出后，全国掀起了反锡克教徒的暴动，不少锡克教徒在这场暴动中被杀死或无家可归。英迪拉·甘地于 1984 年 11 月 3 日下葬，结束了她对印度长达 16 年的统治。

英迪拉·甘地在遇刺前不久曾经发表过以下的言论："我的一生都用来为人民服务。即使我死了，我相信，我每一滴血都会用来哺育印度，让她变得更加强大。"随着时日的变迁，不少印度人民都怀念这位硬朗的"印度铁娘子"，甚至有人称她为"印度国母"。

法国前总统密特朗为何隐瞒身体状况

法国前总统弗郎索瓦·密特朗，可说是国际政坛上的一位风云人物。他在总统位置上度过了 14 个春秋，这不仅在欧洲，甚至在全世界民选总统历史上也不多见。1995 年他被希拉克取代下野，在把总统职位移交给接班人希拉克前夕，他打破惯例和一般猜测，在爱丽舍宫向法国人民发表简短的告别演说："我亲爱的同胞，明天上午 11 时，我将把你们托付于我的法国总统这个崇高的职责，移交给希拉克。我但愿他会带领法国，让我们拥有和平和公正。我也向我所亏欠的所有人表示我的感激，同时祝福你们人人愉快。"

◎密特朗

据说，密特朗不在电视里亮相的原因是，他不愿自己去职的那一刻变成像他的前任德斯坦那么狼狈。他清楚地记得，他的前任德斯坦在 1981 年职位移交时，在电视里说选民背弃了他，脸上露出一副灰溜溜的表情。他讲完话离开座位后，电视节目编导还故意把镜头对着空椅定格了好一会儿。而 78 岁的密特朗选择这种比较得体的方式告别政坛，无疑是要显示他作为政坛老手的明智。密特朗下台了，但究竟对这位创下任期纪录的法国总统的功过如何评定呢？

拥戴他的人说，法国在他领导下走上了现代化，社会党因他而长期成为执政党；也许他最大的成就是在 1981 年把法国共产党纳入左派执政联盟之内，左派自始至终与市场经济和睦共存；据说密特朗在海外赢得的声誉比国内要高得多，这可能是因为他建立了法国与德国牢固的友谊，为欧洲实现一体化作出了努力；而且他还在保护文化遗产工作上贡献良多。

但是，批评他的人则说，他是法兰西共和国的君王，一手创下了高失业率，使社会不平等、贪污腐败泛滥，以及他那好大喜功的建筑计划。

曾撰写过密特朗传记的政治评论家迪阿梅尔说："要冷静地评论密特朗14年的功过，未免为时尚早。但若要给这位专横的政治老手定价，却不算太早。"

密特朗执掌法国政权长达14年之久。许多在20世纪80年代初密特朗当选总统时才10岁上下的少年儿童，受密特朗思想和作风的影响甚大，人称"密特朗一代"。这一代人从"密特朗时代"受到的最大冲击之一，就是丑闻的爆炸性发展和法国经济连续进入危机。

在密特朗统治下，法国的各种丑闻突破了公众所能承受的限度，今天法国选民对各种政客腐败作风的强烈反感，从某种程度上可以说是从这14年而来的。前总理巴拉迪尔曾认为，社会党的失败，最主要的因素不是经济政策的失败，而是道德上的失败。与密特朗联系"最紧"的一个经济丑闻就是佩拉丑闻。

◎爱丽舍宫

　　法国《巴黎竞赛画报》曾在报道密特朗的"第二家庭"时，做出过这样的暗示：密特朗的私人密友佩拉也是其私生女玛扎莉娜的教父，负有向总统的"第二家庭"提供经济支持的责任。佩拉从前总理贝雷戈瓦的办公厅主任那里，得到了绝密的某公司将与另一家公司合并的消息，于是通过股票投机一下子赚得几千万法郎。贝雷戈瓦的办公厅主任已锒铛入狱，佩拉却得到密特朗的全力保护，后因病去世，此案不了了之。内幕究竟如何，至今是一个谜。

　　密特朗统治下的另一个严重丑闻，是爱丽舍宫违法窃听法国平民的电话案。这些窃听不仅涉及密特朗的政治上的一些对手，甚至也包括他的一些部下和私人朋友。如前总理法比尤斯就是被窃听名单中的一个。密特朗的私生女玛扎莉娜的另一个教父、密特朗的私人密友德·格罗苏弗尔也在窃听名单之中。

　　说到这位格罗苏弗尔，又涉及另一个密特朗之谜。此人从20世纪50年代就跟随在密特朗身边，密特朗当选总统后，他进入爱丽舍宫，官方职务是总统顾问，负责警察、谍报及阿拉伯事务。他的使命往往都是国家机密，对他的实

◎法国巴黎著名建筑：卢浮宫

际工作几乎很少有人真正了解。据说是他对密特朗的所有私生活进行组织和保护。格罗苏弗尔于 1994 年 4 月 7 日在总统府饮弹身亡。当时密特朗就在爱丽舍宫用晚餐，谁也没有听到枪声。至于死因，警方调查的结论是自杀。

　　1996 年 1 月 8 日，密特朗忍受着病痛的折磨渐渐走到了他生命的终点。对于密特朗逝世的消息，人们并不感到突然。因为自 1992 年以来，他已动过 3 次前列腺癌手术。人们是看着他一天天衰老憔悴，艰难走向生命终点的。

　　密特朗本人对于死亡显然更有思想准备。1989 年，

◎法国巴黎著名建筑：埃菲尔铁塔

在会见法国女作家玛丽·德赫内扎尔时，他谈到了死亡，并意识到是"面对自己的一生"的时候了。

　　不过，密特朗有一块心病：青年时代一段鲜为人知的"充满矛盾的历史"，有损于他身后的英名，于是他主动以接受记者采访的方式谈了自己的这段历史。从 1993 年 5 月至 1994 年 8 月，他连续 7 次会见颇有名气的作家兼自由撰稿人皮埃尔·贝昂，回答他的提问，还提供有关的档案资料。

　　1994 年秋，贝昂出版了他的新书：《一个法国年轻人，弗郎索瓦·密特朗，1934-1947》。此书在一定意义上是密特朗对历史的一个交代，其中包括第二

次世界大战期间被俘、加入维希投降政府以及和其中的一些人一直关系密切等情况。这种坦白虽然迟了点，但总比掩饰、沉默甚至伪造历史要好。在密特朗的默许下，1994年11月《巴黎竞赛画报》还刊出了他的私生女玛扎莉娜的照片。密特朗这样做一来是为了身后使女儿有个合法地位，二来也算是对真实自我的一个交代，勇气可嘉。

但是，密特朗是否真的将一个真实的自我和盘托出了？似乎没有。1996年1月17日，密特朗的私人医生克洛德·古布雷在密特朗逝世后出版了一本名为《大秘密》的新书，披露了密特朗的病情，人们才恍然大悟。原来，早在1981年11月密特朗就被查出已患上癌症，而至1994年底，密特朗的健康状况已使他无法正常履行总统的职权。

该书作者古布雷在接受《费加罗报》采访时，再次重申他著书的动机：是为了将14年来法国公众有权了解的真相披露于众，以卸下自己的历史重负。因为，从1981年以来，密特朗一直公开发表他的医疗健康公报，而这些公报

◎法国巴黎著名建筑：巴黎圣母院

◎法国巴黎著名建筑：凯旋门

只字未提他于 1981 年底已患上的前列腺癌。

古布雷是公报的撰写者，他自觉欺骗了法国选民，因此有必要将这一真相原原本本地告诉公众：1981 年 11 月密特朗入院病情检查结果表明，密特朗患有前列腺癌，而且癌细胞已经扩散至骨头。统计证明，患有这种癌症的病人的平均存活年限为 3 年。

可以想象一下，总统身患绝症这一消息会引起法国乃至欧洲多么大的震撼。密特朗在当选后宣布将每季度公布一次他的健康状况报告，以保持总统健康问题的透明度。然而他决定将他的前列腺癌列为国家最高机密，不仅对总统府所有的秘书、顾问和政府总理封锁消息，甚至禁止医生告诉他的夫人。这一次，密特朗将患有绝症这一最高机密一直保密了 11 年。

在这期间，密特朗和古布雷医生使出浑身解数保守秘密。这在西方民主国家来说是极为不易的。为此，"国家级"谎言便成为最平常的事情。古布雷医生签发的一季度一次的密特朗健康报告，就是在"增加透明度"的旗号下的双重谎言。

◎法国巴黎著名建筑：凡尔赛宫

在法国有一个特异的现象："密特朗总统"是最抢手的主题。例如，法国《解放报》在近十多年来有两天的销售量最大，一天是密特朗当选总统，一天是密特朗去世。关于密特朗的书籍多达上百种，每一种都是畅销书。《大秘密》首版印刷45000册，在出版的当天全部销售一空，密特朗家属对此提出起诉，理由是"涉及个人隐私"，结果此书在出版翌日遭禁。

反对该书者认为，作为医生，无权透露病人的病情隐私。这不只是一个医德问题，也为法国法律所禁止。法国医生联合会已经就此向古布雷提出刑事起诉。支持该书者则认为，由于病人是法国总统，因此选民应有了解真相的权利，密特朗本人曾经做出保证，永远不干涉任何有关他本人的著作和报道，哪怕是不利的甚至是诽谤性的报道。看来他的家人没有这样的大度。大多出版商反对禁止销售此书，但他们又表示，他们的出版社不会接受出版类似的书籍，理由也是"保护个人隐私"。这可以说是法国文化和政治传统的一个特殊的宽容点。

一波未平，一波又起，上诉法庭尚未开始审理这一案件，法国布尚松地区有一家咖啡馆已将《大秘密》一书全部输入了国际电脑互联网络。于是，全球的电脑网民都能够从互联网络中查阅这本法国禁书。对此，法国还没有相应的法律能够做出任何裁决。《大秘密》一书被禁以及该书被输入电脑国际联网网络之后，法国互联网订户不断增加，读者兴趣甚高，争论也非常激烈。

有不少法国人投书《费加罗报》等新闻媒体质问：总统为何要隐瞒病情长达11年（1992年动第一次手术时才公开）？ 1988年他隐瞒病情竞选连任是否道德？ 1994年底他在不能胜任总统之职的情况下，该不该公布病情，宣布辞职？

在密特朗的葬礼中最引人注目的，除了前德国总理科尔的眼泪，就是玛扎莉娜：密特朗最钟爱的私生女儿。这是玛扎莉娜和她的母亲安娜·潘若首次与密特朗的家人出现在公众面前。如今人们了解到，密特朗身患癌症的秘密，连法国当时的第一夫人达妮埃尔都不知道，但安娜·潘若却是极少数的知情人之一。由此可见法国前第一家庭生活内幕的一斑，这也是密特朗之谜中最富浪漫色彩的一环。

事实上，密特朗是一个很复杂的人物。作为老练的政治家，为了赢得生前身后名，他可以大谈自己辉煌的成就，对于无法回避的个人历史，也作了坦白的交代。但是，他仍然隐瞒了最隐秘的部分，带着难以启齿的秘密走了。

哥白尼遗失的头骨

1543年5月24日，在波兰弗龙堡大教堂供神职的哥白尼因脑出血去世，终年70岁。哥白尼死后没有留下墓碑，在他去世至今的四五百年里，一直没有发现他的埋葬地。近一个世纪来，共进行过两次寻找哥白尼墓地的大规模考古发掘，但两次都无果而终。

2009年11月7日，据英国《自然》杂志网络版报道，波兰什切青大学的考古学家，在

◎哥白尼

◎哥白尼雕像

波兰东北部瓦尔明—马祖里省弗龙堡大教堂内，挖掘出一个头骨。经过认真研究后认为，这个头骨极可能就是现代天文学之父尼古拉·哥白尼的头骨。那么，此次专家是如何联手在弗龙堡大教堂揭开历史之谜的呢？

16世纪初，哥白尼结束了在意大利的学习返回波兰后，曾在弗龙堡任修士。根据宗教历史文献记载，当时修士死后一般是葬在生前布道圣坛的下面，因此考古学家在弗龙堡教堂内确定了哥白尼生前布道的圣十字圣坛作为发掘地点。

2004年，研究人员在圣十字圣坛下面，找到了一些遭到严重破坏的头骨和骨骼。为了从中找到哥白尼骸骨，参加考证的专家通过分析头骨的时代、年龄和解剖学特征几个步骤逐渐缩小范围。首先是确认符合70岁人特征的遗骨：墓内和哥白尼同龄的只有一个人，而在这个人的墓板上清楚地刻有墓主人的名字，因此可以认定不是哥白尼。专家们还注意到，在哥白尼三四十岁时的自画像上可见到眉骨处有疤痕，而在这个头骨上也发现了类似的受伤痕迹。人类学家随后鉴定认为，这具中世纪末期的头骨符合哥白尼的时代、年龄和解剖学特征。

什切青大学人类学和考古学研究所的杰兹·加索斯基教授负责此次挖掘，他在接受美联社记者电话采访时说："我们4人小组在教堂地下的墓地里进行了一年的寻找，我们找到的一定是哥白尼的头骨，至少有97%的把握。"

根据考古学家挖掘出的头骨，波兰警察总署中央刑侦实验室的专家对死者容貌进行了电脑复原。结果发现，电脑复原图像与哥白尼的生前画像很相似。

警察总署中央刑侦实验室的专家对复原头骨容貌有丰富的经验，但复原这个遭到严重破坏的头骨容貌却有相当大的难度。据了解，这次复原工作历时 10 多天。首先是头骨建模、复原容貌需要精确的头骨数据，要测量其头骨数据，根据人类学原理来复原其头骨；其次是在复原头骨的基础上，复原其容貌；最后是参考相关资料，给其配上有中世纪风格的发型、衣服等。

刑侦实验室的专家研制出了"3D 人像模拟组合系统软件"，可以根据死者的头骨，按照绘画中的规范进行模拟画像。先将头骨 CT 片扫描入电脑，确定其脸的宽度与长度，推算出他的眉脊、眼睫毛、眼睛、鼻梁、嘴唇等位置和大小。之后，在头骨上画出眼内外侧线、鼻翼线、鼻底线和发际线等，参考相关资料，从系统部件库中寻找与头骨相匹配的五官部件。最后再运用美学、人类学、医学等知识进行制作。

◎哥白尼画像

要最终证实这个头骨是真是假，还必须挖开哥白尼舅父的墓葬进行 DNA 检测。当今认定骸骨最准确、最常见的做法就是寻找其他亲属的 DNA 样本，与出土骸骨的 DNA 进行对照检查。加索斯基也承认，只有 DNA 检测才有最终的说服力。

众所周知，遗传物质 DNA 代代相传，它是进化事件的忠实记录者。这一方法始于 20 世纪 80 年代初期，目前在国外被广泛应用于对考古墓葬发掘出来的古代人骨做个体鉴定、家系鉴定、种族鉴定，以及比较群体内个体之间在遗

◎波兰科学院

传学上的相互关系。为了最终确定"哥白尼头骨"的真实身份，考古小组决定从哥白尼亲人的尸骨中提取DNA，并进行考古DNA检测。

哥白尼作为神父，没有子嗣，能提供可靠DNA样本的只有他的舅父加斯·瓦兹洛德（1447—1512年）大主教，哥白尼正是在他的抚养和资助下长大并完成学业的，考古学家现已确定哥白尼舅父的埋葬地。

考古学家表示，如果能够打开哥白尼舅父的墓穴，他们将在得到有关方面的允许后，从中取出少量骨骼或牙齿，用分子生物学技术从中提取到DNA样本，然后用从"哥白尼头骨"中提取的DNA与之相比较，看它们是否匹配。负责挖掘工作的考古学家加索斯基说，只要找到哥白尼舅父的DNA，就有希望揭开谜底。如果一切进行得顺利，那么最后的分析结果将通过一部电视纪录片展示给世人。

由于遗骸经过漫长年代的氧化、水解及环境微生物降解作用，会使DNA分子受到严重的破坏，所以，实验过程要严格做到无污染，才能保证实验结果的准确性。国外曾经有一位研究人员做实验，很容易地就提取出了"古代DNA"，他高兴不已。可是实验过程顺利得让人不敢相信，于是他就测了一下自己的DNA，结果发现原来他提取的"古代DNA"其实是他自己的。在做实验时，最大的污染源就是研究人员本人，打喷嚏时的唾沫或头皮屑掉到实验物上，都会给实验带来污染，导致抽取出来的DNA是自己的而非古代人骨里的。

波兰考古学家仍没有排除进一步认定的可能。据悉，如果能最终确认是哥白尼骸骨，将在弗龙堡大教堂内重新举行安葬仪式。然而，挖掘哥白尼舅父加斯·瓦兹洛德遗骨的行动计划，引起了弗龙堡大教堂神职人员的不安，他们说："为了死者的安宁，我们应该避免不必要的打搅。"

牛顿晚年精神失常之谜

伊萨克·牛顿（1642—1727年）是英国近代著名物理学家、天文学家、近代力学奠基人。一提起他，人们很自然地会想起苹果落地的故事：1665年，牛顿在家乡林肯郡的一个乡村疗养。有一天，他坐在一棵苹果树下读书，突然一个熟透了的苹果从树上掉了下来，引起了牛顿新的思考：苹果为什么会垂直落到地上呢？这个问题最终促成了一个伟大的原理——万有引力定律的产生。

可以说牛顿的一生是充满智慧和创造的一生，而就是这样一

◎牛顿

位充满智慧的伟人，却在50岁到51岁时突然精神失常，其中的原因当时及此后250多年的时间里，众多的科学家都试图找出一种合理的解释，但还没有最终达成共识。有人认为这主要是由于劳累、用脑过度所致；有人则认为是外界强烈的刺激，引起了他精神的暂时"短路"；还有人提出是汞中毒的结果。

其中认为牛顿是由于劳累和用脑过度而导致精神失常的观点，得到大多数人的支持。关于牛顿专心工作的故事，就连小学生也可以随口说出几件来：牛顿请朋友吃饭，他却一直在实验室工作，忘了时间，饿极了的朋友只好先吃了一

◎正在做实验的牛顿

只鸡，骨头堆放在盘子里。过了好久，牛顿才出来，看到盘中的鸡骨头，"恍然大悟"地说："原来我已经吃过饭了。"就又回到实验室工作去了。

牛顿工作到了废寝忘食的程度，因此在1687年他45岁的时候就发表了《自然哲学的数学原理》，这是他一生最为重要的著作，该书以牛顿三大运动定律和万有引力为基础，建立了完美的力学理论体系。为做好这项工作，牛顿夜以继日地在实验室专心研究。他很少在夜间两三点钟前睡觉，有时一直要工作到清晨五六点钟。《自然哲学的数学原理》问世后，他又立即转入了光学的研究。如此高强度的工作使他不到30岁就已经须发皆白了；长期的用脑过度，极端紧张的工作，造成了他植物性神经功能紊乱，最终使他患上了精神失常的疾病。

◎牛顿雕像

　　还有人认为牛顿精神失常是受外界环境的强烈刺激所致。牛顿18岁便进入剑桥大学学习，很快就在科学界崭露头角，以自己的才华得到了很多前辈的赏识，在科学的道路上可谓一帆风顺。但1677年，他的恩师巴罗和一向爱护他的皇家学会干事巴格相继去世，这给他带来了极大的悲伤，曾使他的研究工作一度停止。在1689年时，他又被选为英国国会议员，来到灯红酒绿的伦敦后，

◎牛顿反射望远镜

他已不可能像从前那样再待在安静的实验室里，上流社会的各种交际应酬使得他的经济捉襟见肘，但多方努力都无法摆脱困境，最后，他闷闷不乐地回到了剑桥大学。

　　在1691年到1692年间，又有两件重大的事情，对他的精神产生了极为不利的影响。一件是他母亲的去世，在此后相当长的一段时间内，他都一直精神不振。另外一件是他著作的手稿被烧毁。在他办完母亲的丧事回到剑桥大学后不久的一天早晨，当他从教堂做完祈祷回来，竟发现燃尽的蜡烛已将他书桌上摆放的有关光学和化学的手稿及其他一些论文都化为灰烬了。《光学》是他一生中仅次于《自然哲学的数学原理》的最重要的一部著作，《化学》也是他花费近20年时间辛勤研究的结晶，堪称一部科学巨著。对此，牛顿懊悔不已，几乎一个月昼夜不得安睡。他不得不重新整理《光学》手稿，至于《化学》，他却再没有精力去做了。

　　还有一种较新的看法是，牛顿精神失常是由于汞中毒所致。有两位专门研究牛顿生平的学者，对牛顿遗留下来的四绺头发进行现代中子活化、中子衍射等先进手段来综合分析。发现牛顿头发中所含的有毒微量元素的浓度是正常人

◎牛顿之墓

的好几倍，尤其是汞的含量更是高得可怕。许多学者由此断定：牛顿长期待在实验室里，经常接触有毒的金属蒸汽，特别是汞，从而导致中毒精神失常。

但这种说法也遭到很多人的质疑。因为牛顿一生中，只有在 50 岁到 51 岁期间精神失常过，其余都处于正常状态，而且我们也无法断定这四绺头发就是他患病期间的，就头发来推断他精神失常的原因太没有说服力了。其次，人头发的微量元素受外界影响很大，这四绺头发历经 250 多年，很难保证没有受到外界因素的干扰。现在医学上判定汞中毒的临床表现，如手指颤抖、牙齿脱落、四肢无力等症状，牛顿都不曾有过，所以汞中毒的说法很难令人信服。时至今日，对于牛顿晚年精神失常的原因，仍然没有找到一个合理的解释。

阿基米德的"死光"

公元前 3 世纪左右，意大利半岛上的罗马逐渐强大起来，开始对外发动一系列扩张战争。公元前 213 年，罗马军队在执政官马塞拉斯率领下进攻希腊西西里岛上的叙拉古城，罗马军队势力强大，叙拉古处于不利的形势。由于阿基米德是叙拉古国王赫农王的亲戚，又具有博学的知识和丰富的智慧，因此被选为赫农王的顾问，帮助国王解决生产、战斗中的一些技术问题。

面对罗马人的强大攻势，阿基米德充

◎阿基米德

分发挥了他的聪明才智，他先是利用杠杆原理制造了一批投石器，安装在叙拉古城的城墙上，当罗马人入侵时，叙拉古士兵在城墙上开动投石器，将许多又大又重的石块以飞快的速度投向从陆地上入侵的敌人，罗马军队抵挡不住这些从天而降的巨大石块，被打得失魂落魄，落荒而逃。

第二年，罗马军队派出强大的舰队开进西西里岛岸边，准备一举歼灭叙拉古。面对来势汹汹的敌人，阿基米德指挥叙拉古士兵手持无数面镜子在岸边排成弧形，就在罗马人嘲笑他们愚昧懦弱的时候，忽然一道强光从天而降，罗马人的战船瞬间燃起熊熊大火，士兵被烧死，战船被烧毁。

◎阿基米德铜像

原来阿基米德利用了反光与聚焦原理，让成千上万的士兵手持磨光的镜子组成一面巨大的凹面镜，将太阳光聚焦到一点，从而汇集了大量的太阳热量，引起了罗马战船的火灾。罗马人被这突如其来的一幕吓得惊慌失措，赶紧引兵撤退，后来心有余悸的罗马军队的统帅马塞拉斯称这场战争为罗马军队与阿基米德一个人的战斗，而把那道可怕的强光称为阿基米德的"死光"。

◎阿基米德曾利用光的反射原理，使阳光聚到罗马人入侵的战舰上，将敌人的船只烧毁。

阿基米德的"死光"成为他博学智慧最生动的传说，没有人怀疑阿基米德的伟大和聪明才智，但利用太阳光的聚焦烧毁罗马战船这件事却引起了历史学家的怀疑。

◎阿基米德雕像

历史学家和科学家们认为，在2000多年前的古希腊人并不了解光学和镜子的知识，阿基米德也没有留下关于光学方面的研究理论和著作，而且当时的镜子主要由青铜磨成，反光效果较差，不太可能在瞬间聚焦产生几千度的高温。况且当时罗马人的船队是在海上航行之中，叙拉古士兵的镜子与战船隔着较远的距离，如何对移动的战船做出准确的聚焦也是一个很大的难题，因此千百年来人们一直对这个传说持怀疑态度。

但是，不久前的一份研究表明，某些古代文明（包括阿基米德的文明在内），已经有了相当发达的光学知识，他们可以制造出望远镜，而且已经掌握了"燃烧镜"的使用。

肯塔基州的路易斯维尔大学科学哲学和历史学教授罗伯特·泰普尔说，他的研究表明，阿基米德的成功，意味着他是现代激光武器——如制导炸弹和导弹之父。

泰普尔重译了详细描述古代文明与光学有关的文本，在他的《透明的太阳》一书中，令人耳目一新地描述了阿基米德利用镜子对付罗马人的过程。那些文本中最古老的是在那次围城300多年之后，由一位叫卢奇安的历史学家和一个名为伽仑的医学家写于公元2世纪的作品。他们利用了那次战斗后不久的文字资料。

泰普尔相信，这些学者读过现在已经丢失的阿基米德同时代人、希腊历史学家波利比阿的著作。他的遗作中对罗马崛起成为世纪主宰的描写，在当时最受崇拜。

对于泰普尔说，铁证来源于后来对阿基米德功绩的重新验证。第一次在 6 世纪拜占庭首都君士坦丁堡，它被敌舰围困，直到有几十人手持镜子，放火烧了敌舰，他们才算得救。现代科学家也重做了同样的试验。1973 年，希腊科学家伊奥安尼斯·萨卡斯，决定来检验是否能用"燃烧镜"点燃一只船。他让 60 个水手排队站在码头上，拿着大镜子，把光线反射到 45.8 米开外的一只小船上，不到 3 分钟，船就着火了。

牛津大学物理学教授和光学专家保罗·尤尔特说，阿基米德利用当时可得的技术，未必能够把镜子造那么平滑。但大英博物馆保管员最近给一个从古代卡尔胡阿西利亚城出土的玻璃碎片重贴标签时，认识到他们先前以为是小玩意儿的东西，可能是一个用来矫正近视的精制凸镜。它制造于大约公元前 800 年，还在阿基米德诞生前大约 600 年！

然而这些证据依然不能引起人们的信任。2005 年 10 月，麻省理工学院和亚利桑那大学的研究人员亲自来到圣弗朗西斯科湾，也就是古叙拉古王国所在地进行实验。在实验中，麻省理工学院的研究人员在岸边拼起一个 27.9 平方米的铜镜和玻璃镜，用它们反射和聚焦后的阳光，径自射向 45 米外的渔船上，结果仅仅使渔船上的木头冒烟而没有生火。于是他们又把渔船停泊在离岸边约 22.5 米的地方，这一次聚焦的阳光点燃了船上的易燃品，冒出了小火苗，但火苗很快就熄灭了。与此同时，亚利桑那大学的研究人员用他们用的镜子组成一面大花瓣状凹镜来聚焦阳光，结果渔船上既没有冒烟也没有着火，试验以失败而告终。

这一试验否认了阿基米德"死光"的可能性，使人们认识到那只不过是一个传说。但支持派依然认为历史上确有其事，并指出当时阿基米德并不是直接用"死光"烧毁了罗马的战船，而是先用投石器向敌人的船上投掷了许多易燃物品，然后才用"死光"照射，结果引起了熊熊大火烧死了罗马军队。事实到底如何，现在考古学家和历史学家仍然在考证和争论，但阿基米德在 2000 多年前利用他的科学智慧帮助叙拉古军队取得了不少战争优势，这一点是毋庸置疑的。

托勒密是骗子吗

托勒密是希腊有名的天文学家，他因地心说而影响深远。托勒密的地心体系学说认为，地球居宇宙中央不动，日月星辰都围绕地球而运行，这个概念是

◎托勒密画像

他学说的基础。后来，他的学说被推翻，但他仍是公认的才华横溢的科学家和天文学家。可是，美国巴尔的摩市约翰斯·霍普金斯大学的天文学家牛顿，对托勒密是否是天文学家提出了质疑。牛顿在彻底研究分析了托勒密的思想方法和数学法则之后，得出了这一论断。他说托勒密根本就不是天才，而是骗子。

随后，牛顿在《托勒密罪状》一书中指出，托勒密为了使自己的理论成立，不惜捏造观测结果，甚而他还篡改了较早期天文学家的一些发现和观测记录。

牛顿找出了证据来证明他这种石破天惊的论断。首先他把托勒密在特定时间内观测到的月亮位置的数值记录，与我们今天知道的当时月亮所在确切位置的数值进行比较，发现与托勒密所宣称的观测结果相差太远，这不能以古代仪器不够精密来搪塞。托勒密的观测甚至还不如较他早几百年以肉眼作的观测准确。托勒密的数值误差超过 1/4 度。这样看来误差似乎并不算多，不过这样等于表明托勒密只是将仪器瞄准月亮边缘，而不是瞄准月亮中央。这样大的错误即使是略知一二的生手也不应该犯，更何况一个天文学家。但是，值得注意的是，

这些错误数值正好与托勒密自己假设的天文公式的数值相合。

牛顿还宣称托勒密有一次甚至报道一项绝对没有人能做得到的观测，这可以说他是个骗子！托勒密报道说这项观测是古代天文学家喜帕恰斯做的，他提及的这项观测是公元前 200 年 9 月 22 日下午 6 时 30 分的一次月食。但是我们现在知道，那一天，月亮是在托勒密记载的时间后半小时才升起来的。因此，如果不是原来的观察记录是杜撰的（如果是杜撰，托勒密应该看出来），那么就应该是托勒密把喜帕恰斯的观测结果给改了，

◎托勒密正在思考问题

又或者这一观测结果是他自己凭空捏造而硬说是受人尊敬的喜帕恰斯所述，并以此为自己编造的数值增加声势。由于喜帕恰斯的记录原本现在已经失传，我们无从考究。不过他说的月食时间正好跟托勒密理论所预测的完全吻合，牛顿就十分肯定究竟是谁在要把戏了。

◎托勒密正在发表他的观点

据牛顿推测，唯一可能的结论是：托勒密把自己的假设作为基础，然后推算出能支持他的说法所需要的数值，再宣称这个数值确实是从观测中所取得的。他还对所用观测仪器以及观测方法作了详尽无遗的描述，这样无非是可以使他的大骗局更加可信罢了。

牛顿的著作非常复杂难懂，但是，如果牛顿的这一论断被证明是正确无误的话，那么托勒密的学术诓骗则不仅有害于天文学，而且也毁了他自己。因为像托勒

◎托勒密地图

密这样具有优良设备的科学家，要想取得真实观测数值并不是什么太难的事情，而且也许根据那些真实数值，就能使他发现太阳系的真相：地球是绕太阳而转动的。这一真相，直到 14 个世纪之后，哥白尼才发现，但哥白尼所用的数学方法和观测仪器，并不比托勒密当年所用的精密多少。

不管托勒密理论体系是否科学，但他在享誉科学界的伟人中还是名声赫赫，我们期待着能有更多的资料让我们去全面地了解这位伟人。

达尔文终生患病

查尔斯·罗伯特·达尔文（1809-1882 年），英国生物学家，进化论的奠基人。1809 年 2 月 12 日诞生于英国的一个小城镇。他以博物学家的身份，参加了英国派遣的环球航行，做了五年的科学考察。在动植物和地质方面进行了大量的观察和采集，经过综合探讨，形成了生物进化的概念。

1859 年，达尔文出版了震动当时学术界的《物种起源》。书中用大量资料证明了形形色色的生物都不是上帝创造的，而是在遗传、变异、生存斗争和自然选择中，由简单到复杂，由低等到高等，不断发展变化的，提出了生物进化论学说。

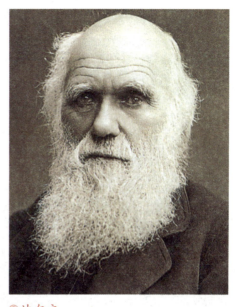

◎达尔文

其后，1872 年达尔文发表了同样重要的《人类的由来与性选择》，"性选择"作为"自然选择"的一个补充理论提出，"性选择"是一个未完成的理论。最著名的一个关于"性选择"的争论就是孔雀的长尾巴。

2009 年是达尔文 200 周年诞辰，也是其不朽之作《物种起源》出版 150 周年。世界各地举行了各种各样的纪念活动，而澳大利亚科学家发表在最新一期《英国医学杂志》上的有关困扰达尔文终生疾病的最新诊断之说，似乎为这一系列纪念活动增添了花絮。

◎《物种起源》书影

◎人类的进化示意图

◎达尔文随"贝格尔号"进行环球考察

　　"物竞天择，适者生存"是达尔文进化论的核心，但这位进化论的先驱却不是一位生存的"适者"，他终生饱受疾病折磨，恶心、呕吐、胃疼、心悸、皮肤炎症、口腔溃疡、失眠、头痛等症状几乎伴随了达尔文的整个成年时期，每天通常只能工作两三个小时，疾病使他一度几乎成为远离众人视野的"隐士"。

　　早在 1831 年达尔文乘"贝格尔号"环球航行之前，他在日记中就记录了其疾病状况："我深受心悸和心痛之苦，同许多无知少年，特别是那些对医学知识一知半解的人一样，我自认为身患心脏疾患。""我没有咨询任何医生，因为我完全能够预料到会得出我不适于航海远行的结论。"

　　达尔文究竟得的是什么疾病，包括身为名医的父亲以及当时英国许多著名医生，都没有诊断出确切的病因，也就更谈不上有效的治疗办法了。因而，这也就成了医学史上的一大悬案，后人众说纷纭。由于身体没有出现器质性病变，所以有人怀疑他患有心理性疾病，是一个"疑病症患者"，因而他经历了疼痛的折磨、"对专横父亲不满情绪的压抑"所致精神创伤、夫妻关系的忧虑，以及进化论与早期宗教信仰间的冲突所带来的负罪感等。历史上也有一些生理原因的假说，如中耳炎、砷中毒以及在环球航行时在南美感染上寄生虫病等，但从达尔文疾病症状和发作周期等记载看来，却都不完全相符。

澳大利亚莫纳什大学解剖和发育生物学系副教授约翰·汉曼（John Hayman）在文中认为，达尔文所患的是一种不常见的遗传性疾病——周期性呕吐综合征（Cyclic Vomiting Syndrome，CVS）。CVS 又称再发性呕吐综

◎达尔文蜡像

合征，是一种功能性胃肠道疾病，是指出现 3 次或更多次的发作性顽固的恶心和呕吐，每次发作持续数小时至数日，2 次发作间隔可长达数周至数月，患者在间歇期无任何症状。患者身体不存在任何代谢、神经、胃肠等各系统的异常。

汉曼称，现在是"驳倒这些离奇的生理、心理和精神疾病诊断"的时候了。他指出，CVS 主要发生在儿童时期，也会在成年期首次发作。这是一种与基因异常有关的遗传性疾病，典型症状包括严重恶心、呕吐、头痛、焦虑以及严

◎达尔文的故居

重腹痛，一些患者还出现湿疹和反复性皮肤感染等。汉曼称，达尔文的母亲及其家庭成员就有类似症状，达尔文的母亲在他 8 岁时死于严重腹痛。

作者指出，达尔文进化论的基石是"适者生存"，但他对后来的染色体、基因以及遗传突变等理论并没有了解。他所遗传的突变基因使他成为"不适者"，但他超人的才智、挚爱的妻子、家人和佣人，以及殷实的家境给他的"生存"添加了砝码。

作者还注意到，疾病并没有影响达尔文的生育能力。作为现代生物学之父的同时，他还是 10 个孩子的父亲（由于达尔文与表姐的结合属近亲结婚，10 个孩子中存在夭折、智障或残疾），并且都是在他长期患病期间出生的。

诺贝尔终生独身

◎诺贝尔

阿尔弗雷德·诺贝尔（1833—1896 年）是一位伟大的化学家、杰出的企业家。他终身未娶，成为后人一直探究的谜。由诺贝尔生前好友、秘书和"遗嘱执行人"罗格纳·索门撰写并由诺贝尔基金会出版的《诺贝尔遗物——诺贝尔奖幕后的故事》一书，首次披露了诺贝尔为何终身未婚的谜底。

1851 年，18 岁的诺贝尔来到巴黎研读化学，在一个实验室里工作。一次晚会上，他邂逅了一位来自祖国瑞典的女郎，两人一见钟情。诺贝尔向她倾诉了自己的隐衷，这位少女深受感动，她从各方面给予他安慰和鼓励。经过几次交往，两人便坠入爱河。然而好景不长，这位少女因肺结核复发而暴卒。

诺贝尔 43 岁时经历了他一生中的第二次恋爱。一次，诺贝尔登报招聘一名"女秘书兼管家"，从应聘的复信中，他注意到一位署名贝尔塔、33 岁、未婚、懂数种语言、只是"管家经验不足"的女家庭教师。诺贝尔立即回了一封信，从此，两人用数种不同的语言通信，

◎实验中的诺贝尔

畅谈自己的哲学观和自己所感兴趣的问题。最后，贝尔塔决定前来巴黎与诺贝尔会晤。初次见面，两人都有一种少有的惊喜涌上心头。站在诺贝尔面前的是一位美丽端庄的女性。

◎诺贝尔和平奖颁奖典礼处——挪威奥斯陆市政厅

◎思考中的诺贝尔

诺贝尔高薪聘用了贝尔塔。贝尔塔工作有条有理，令人满意，可是诺贝尔发现她总是心事重重。在一次闲谈中，贝尔塔告诉他，她正与奥地利一位男爵相爱，但男爵的母亲却嫌贝尔塔出身贫贱而百般阻挠。贝尔塔正是因为忍受不了她的逼迫才出来另觅职业的。

深深暗恋贝尔塔的诺贝尔对此惊诧不已。在沉默良久后，他对贝尔塔说："你终究会忘记他的，说不定他早已把你忘掉了。"不久，诺贝尔外出洽谈生意，贝尔塔突然收到男爵写来的一封长信，经过反复考虑，贝尔塔给诺贝尔留下了一封信，买了火车票回到了维也纳。她嫁给了男爵，但仍与诺贝尔保持着书信联系。两人在1887年又在巴黎重逢，此时的贝尔塔经过十年磨砺变得更成熟了。在诺贝尔和平观的影响下，她开始献身于和平运动。才华横溢的贝尔塔成了一名作家，她的成名作是《放下武器》。同时，她在维也纳还成立了一个组织，旨在推动和平事业的发展，从而被推选为第24届和平会议的重要成员。

1905年，贝尔塔成为第五届诺贝尔和平奖的获得者。诺贝尔和贝尔塔始终保持着纯

◎诺贝尔奖章上的诺贝尔像

洁的友谊，在后人看来，他俩才是真正理想的一对，无奈幸运之神始终没有降临。

诺贝尔的第三次恋情是不幸的。在贝尔塔辞职后不久，诺贝尔到奥地利去旅游，他在维也纳南面的一个小镇里，遇到了花店的卖花女苏菲。苏菲的热情和青春之美给诺贝尔以好感，诺贝尔很快就爱上了这位年方20岁的少女，两人开始了交往。然而两人的阅历和文化程度都相差甚远，诺贝尔曾帮助苏菲学

◎诺贝尔其他所有奖项的颁奖处——斯德哥尔摩音乐厅

◎诺贝尔纪念馆

了很长时间的法语，但她最终还是没有掌握。诺贝尔也曾几度提出要娶苏菲为妻，但是他的母亲、兄弟和朋友都一致反对。

1883年到1893年，是这位发明家一生中最孤独的日子。哥哥和母亲相继去世，诺贝尔迁居意大利。暮年的诺贝尔是个平和而幽默、孤独而又虚弱的老人。1896年12月10日，这位伟大的发明家在意大利自己的别墅里与世长辞。

爱迪生究竟是不是聋子

托马斯·阿尔瓦·爱迪生（1847—1931年）是位举世闻名的美国电学家和发明家，他除了在留声机、电灯、电话、电报、电影等方面的发明和贡献以外，在矿业、建筑业、化工等领域也有不少著名的创造和真知灼见。爱迪生一生共有约2000项创造发明，为人类的文明和进步做出了巨大的贡献。

关于发明大王托马斯·爱迪生的逸闻和传说多不胜数，其中有很多不是事实。这是由于爱迪

◎爱迪生

◎爱迪生故居

◎爱迪生和他发明的灯泡

◎爱迪生和他发明的留声机

生自己的记叙模棱两可和人们以讹传讹的结果。

爱迪生少年时代耳聋的故事也是其中之一。他从12岁起在往返于波特休伦和德特路易特之间的火车上卖报纸和饮料，挣钱帮助维持家庭生活，同时赚些实验费和零花钱。不久他便把药品和化学器皿等搬进空闲的吸烟室，在卖完报纸后，钻进吸烟室，一心搞实验。

大家熟悉的一个故事是这样说的：有一天他正在做试验，列车突然倾斜，水里放着黄磷的罐子从架子上掉下来。罐子破碎，黄磷遇空气燃烧，周围成了一片火海。

列车员史蒂芬森急忙跑过来，帮助他扑灭了火。但史蒂芬森大怒，向爱迪生打了几拳，有一拳头打在耳朵上，鼓膜破裂，爱迪生的耳朵从此就再也听不到声音了。到了下一站，列车员把爱迪生推下车，接着，实验器皿和药品也被一点不剩地扔掉了。

不过，据爱迪生本人说，情况完全相反。他说："有一天，我上火车晚了，两手抱着一大捆报纸，勉强抓住已开动的车的把手，但力气不足，渐渐下滑。

◎爱迪生和他发明的电报机

列车员赶忙伸手来拉，不凑巧抓住了我的耳朵，就这样硬把我拉了上来，当时我的耳朵嗡嗡作响，我的生命得救了，但耳朵却聋了。"

　　就是说，列车员不但心眼不坏，反而还是他的救命恩人。因此，此后两人一直相处得很好。据说，由于在车内失火，被勒令把实验器皿全部拿下车，是确有其事，这件事发生在 1862 年。而他变成聋子，则发生在两年前。但是，爱迪生的耳朵似乎在这以前很早就不太好了。据说，他出生不久，便得了重猩红热病，发了高烧。病总算治好了，但耳朵却不好使了。

◎爱迪生纪念馆

　　爱迪生 8 岁时到附近一家小学读书，但听不清老师讲话，理解能力也差，因此有人嘲笑他呆头呆脑，最后终于休学，跟着母亲学习。这也是一个有名的故事。大概是因为老师和周围的人（或许连爱迪生本人）都没有注意到他的耳朵听不清吧。

爱因斯坦为什么那么聪明

最杰出的物理学家、"相对论之父"爱因斯坦死后，大脑被人取出，之后下落不明。爱因斯坦大脑的下落，以及这颗堪称历史上最聪明的大脑到底有何过人之处，成为20世纪最传奇的谜团之一。

直到几十年后，当初被指控窃取爱因斯坦大脑的美国病理学家托马斯·哈维首次接受美国《国家地理频道》专访，彻底曝光整个事件的绝对内幕。最令人震惊的是，哈维称为了方便研究，他竟将爱因斯坦大脑切成了240块！

◎爱因斯坦

◎普林斯顿大学

1955年4月18日凌晨1点15分，爱因斯坦在美国新泽西州普林斯顿大学医院撒手人寰，享年76岁。当时托马斯·哈维是普林斯顿大学病理科主任，虽然和爱因斯坦仅有一面之缘，却碰巧成了替他验尸的医生。哈维切开爱因斯坦的尸身逐一检查器官，称重量并描述器官外观，因为全世界的人们都想尽快了解这位伟大科学家的死因。最终哈维

◎少年时的爱因斯坦与其父母在一起

宣布，爱因斯坦死于"大动脉肿瘤破裂"，爱因斯坦的好友兼遗嘱执行人内森也在场作证。此外，哈维还做了一件不为人知的事，他私下征得爱因斯坦长子汉斯的同意，悄悄将爱因斯坦的脑子取出，以留给科学界做研究。汉斯与内森的条件是：研究结果必须发表在科学期刊上。

在切下爱因斯坦的大脑之后，哈维简单地测量了这个脑子后，除了拍照存真，还请了一位画家为它做素描。然后，他将整个脑子切成240块，每一块的位置都有详细记录并贴上卷标。最后，他找上宾州大学一位他信任的实验室技师，进一步处理那些脑块，并选择代表脑子各个部位的脑块，制作一组切片，固定在供显微镜观察的玻璃片上。于是爱因斯坦的大脑分别装进了10个储存组织学切片的盒子里，以及两个大玻璃瓶中。随后，他将一部分切片分送给那些对研究爱因斯坦的大脑感兴趣，并有责任心和研究能力的人，其余大部分都秘密保存起来。

◎爱因斯坦与他的大脑

爱因斯坦的大脑研究曾一度激起人们的浓厚兴趣。但早先的很多研究显示，这位物理学大师的大脑与常人无异。在爱因斯坦大脑被取出来的三个月后，哈维将其送到宾夕法尼亚大学脑解剖专家凯拉女士的实验室里进行研究。经

◎爱因斯坦在普林斯顿大学的故居

过详细检查发现，爱因斯坦的大脑，从表面皮层的面积、结构和脑的重量来看，和普通人没什么两样。他的脑重也只有1230克，略低于男人的平均值，并不出众。有一些才能高度发展的人（亦即天才人物）的脑重的确远远超过了这个数字，如俄国著名作家屠格涅夫就比较符合人们对天才的期望，脑重为2012克，远超出人类平均值。

当时，医学专家齐默曼得到了一盒，因为哈维在耶鲁医学院上过他的课。齐默曼发现爱因斯坦的大脑非常正常，要说有什么异常之处，就是他的大脑比同年龄的人更为健康，退化的迹象较少。至于其他人，即使震于爱因斯坦的大名，也不知道如何下手研究他的大脑标本，理由是：学界对于天才与一般人的大脑究竟有什么差异，从来没有定论。此后，相当长一段时间内对爱因斯坦大脑的研究毫无进展。

还有专家通过对爱因斯坦书信和手稿的研究发现，爱因斯坦曾经和女友生下一名弱智儿，便据此推断爱因斯坦的基因并不一定优于常人，也许还存在某种缺陷。研究发现，爱因斯坦在读大学时曾与一名塞尔维亚裔女同学马里奇坠入情网，后来发展到同居。不久，他们迎来了爱情的结晶，马里奇产下一个女孩，取名叫利泽尔。

孩子生下来不久，医生就告诉爱因斯坦和马里奇，他们的孩子可能有严重

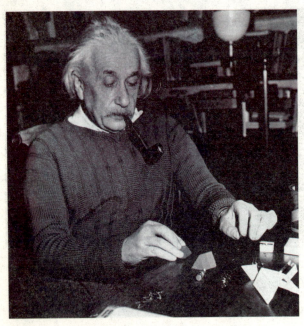

◎正在做实验的爱因斯坦

问题，如果不是严重弱智，就是先天愚型。果然根据医生的提醒，爱因斯坦和马里奇观察到了孩子的严重智力问题。例如孩子都6个月了，还不会笑，连微笑都不会。而正常孩子是两个月就会微笑，4个月就会大笑。还有孩子哭声小，受刺激后也不会马上就哭，对周围的人和事物不感兴趣。

更重要的是利泽尔出现了先天愚型孩子特有的面部特征，两眼之间距离过大，两眼外侧上斜，口半张，不断流口水，鼻梁低等。对于这一为人父母都不愿意看见的情况，爱因斯坦和马里奇当然心情沉痛。尽管当时爱因斯坦还未成名，但爱因斯坦和马里奇两人都是大学生，按流行的说法，他们也算是高智商的人，如果让人知道他们这样高智商的人还生下痴呆儿，也是一件很难堪的事。后来两人将这名痴呆儿交给马里奇在塞尔维亚老家的父母照顾，爱因斯坦的这段经历也就鲜为人知了。

20世纪80年代，哈维重新开始对爱因斯坦大脑进行研究。他把许多切片分送给美国、加拿大、德国等国的科学家。1985年，美国加州大学柏克莱分校的神经科学家戴蒙教授领导的研究小组检验了四块爱因斯坦大脑的皮质。他们发现，爱因斯坦的左顶叶、神经元与神经胶细胞的比例小于常人。神经胶细胞是神经元的支援细胞。根据过去的研究，哺乳类神经元与神经胶细胞比例，从小鼠到人有逐步降低的趋势，有些学者因而推测，神经元执行的功能越复杂，越需要神经胶细胞的支持。也就是说，在哺乳类中，神经元与神经胶细胞比例可当做反映智力的量表。戴蒙教授据此得出结论，认为爱因斯坦的革命性成就，与其发达的神经胶细胞有关。

1996 年，美国阿拉巴马大学柏名顿分校神经学助理教授安德森发现，爱因斯坦的右前额叶皮质（运动区）比对照组薄，可是皮质中的神经元数量与对照组无异。换言之，爱因斯坦的大脑皮质中，神经元密度较高。安德森推论，这表示爱因斯坦大脑皮质神经元有较佳的传讯效率，因而可以解释爱因斯坦的超凡才华。

最幸运的研究者是加拿大汉米尔顿麦克马斯特大学的维特森博士。哈维不仅借给她 19 块爱因斯坦的大脑进行研究，同时还将切开大脑之前拍摄的原始照片与记录一并交给她。维特森教授在研究中发现，

◎爱因斯坦像

爱因斯坦的大脑在两方面与常人显著不同，果然是"聪明得有道理"。1999 年，维特森在著名国际学术期刊《柳叶刀》发表了她的研究报告。

首先是爱因斯坦大脑左右半球的顶下叶区域异常发达，比普通人的平均厚度多出一厘米，这造成爱因斯坦大脑宽度超过普通人 15% 左右。报告指出，位于大脑后上部的顶下叶区在视觉空间认知、数学思维和运动想象力方面发挥着重要作用，该区域的异常发达在一定程度上可解释为什么爱因斯坦会形成自己独特的思维方式。爱因斯坦本人就曾描述说，他的科学思维过程具有较强视觉性，而语言在其中所起的作用似乎不大。

爱因斯坦大脑的另一显著特征是其缺少常人大脑中的一种皱沟。该皱沟通常位于大脑皮层相邻的脑回之间，一般横贯顶下叶区。研究人员推测说，缺少这一皱沟很可能会导致位于顶下叶区的神经元彼此间更容易建立起联系，因而使思维更为活跃。维特森说，根据对目前她拥有的大脑标本的分析，爱因斯坦大脑的这些特点是唯一的。

◎爱因斯坦博物馆

据哈维回忆，爱因斯坦在病中曾亲口对他说起，想做一次横贯美国的东西之行，但这个愿望始终未能实现。1997 年，已经 84 岁高龄的哈维决定带着爱因斯坦的大脑实现他这一遗愿，并希望此后将这些脑切片交还给普林斯顿医院保管。美国政府其实早已得知爱因斯坦的大脑成了哈维的"私有财产"，只是没有要求哈维把大脑"贡献"出来。当哈维把大脑从实验室中取出，准备横贯大陆时，负责保护大脑的美国联邦调查局大吃一惊，连忙派人秘密跟踪。哈维不知道，他从东到西走了 4000 千米，联邦调查局特工竟也跟踪了他 4000 千米。

是谁害死了苏格拉底

苏格拉底是古希腊著名的思想家，被后人誉为希腊的耶稣，西方的孔子。然而关于这位先哲的死因确是扑朔迷离，让人如坠云里雾里。

公元前 399 年，苏格拉底在狱中接过当局赐予的致命毒酒，镇定自若地一饮而尽。这年苏格拉底 71 岁。这样一位杰出的先哲，怎么竟会被处死呢？

苏格拉底是历史上第一位被判处死刑的大哲学家。他的死，震动了当时的希腊世界，也以它的悲剧色彩震撼着后人的心灵。同时他的死也成了一个难以解开的谜，人们不禁要问，像苏格拉底

◎苏格拉底雕像

这样终生以讨论哲学问题为唯一乐趣，至多也不过是同其伙伴们闲谈形而上学的人，在后人眼里又是如此伟大的哲学家，是触犯了哪条法律而终受极刑的呢？而在雅典这样一个标榜自由和民主的城邦里（古希腊著名政治家伯里克利在公元前430年一次著名的葬礼演说中即如此标榜过），又何以会发生这样的惨剧呢？对于这个问题的回答，众说纷纭，莫衷一是，至今如此。

◎苏格拉底与柏拉图在讨论问题

判决苏格拉底的直接起因是公元前399年三位雅典公民——美利图斯、阿尼图斯和莱孔对苏格拉底提出公诉（按照雅典的法律，每个雅典公民都有权对危害雅典城邦的行为或个人提出公诉），指控他不敬神灵和毒害青年。一个由501名雅典公民组成的陪审团在听取了双方的辩护和证词以后，以281票赞成、220票反对的结果判苏格拉底有罪，并处以死刑。

但是，学者们很难相信，就凭这样的两条并没有多少确凿证据的罪状，便判处苏格拉底极刑，其背后一定隐藏着更深刻的原因。然而至于这深刻的原因是什么，却又各执一词。有人认为，因为他在和同伴们的讨论中，毫不留情地揭雅典社会名流们的短而得罪了许多人。这引起了他们的记恨并最终招来杀身之祸，这种说法不无根据。在《申辩篇》里，柏拉图详细描述了苏格拉底如何为证实德尔斐的阿波罗神谕"苏格拉底是最有智慧的人"而各处抨击雅典各界的名流，让他们丢尽了脸而终于遭到记恨。

也有人认为是出于政治报复。这同雅典当时的政治局势有着密切关联，到公元前5世纪末，民主政治在雅典已经推行了一个世纪，且深入人心。但在公元前5世纪末，却屡屡受挫。公元前411年，受西西里远征失败的余波冲击，

◎油画《苏格拉底之死》

雅典民主政治第一次被推翻，被一个由 400 人会议组成的寡头政府所取代。此后不久，400 人会议垮台，民主政治得以恢复。公元前 404 年，持续了几十年的伯罗奔尼撒战争结束，雅典最终为斯巴达所打败。在斯巴达的操纵下，一个由 30 人执政的僭主政府上台，雅典民主政治再次被推翻。这两次颠覆活动，深深地震动了雅典公民。而在这两次的颠覆活动中，雅典反对民主政治的贵族们都充当了急先锋，这些人中有些是苏格拉底的学生。

直接导致西西里远征失败而间接导致了第一次颠覆活动的雅典将军阿尔西比阿底斯，曾是苏格拉底最亲密的学生。他却背叛了雅典而投靠斯巴达人。"三十僭主"（公元前 404 年，斯巴达国王吕西斯特拉图占领雅典后，他在那里建立了一个傀儡政府，处于斯巴达保护之下，称为三十僭主）的领袖之一克里提阿斯（柏拉图的舅舅），也是苏格拉底的学生。事实上，苏格拉底周围也确实聚集了一批贵族子弟。他们中的许多人都反对雅典民主政治（如柏拉图）。因此，雅典民主政治在公元前 401 年再度完全恢复以后，即把苏氏看作罪魁祸首之一，而处以极刑。

美国著名记者最近撰写的《苏格拉底的审判》一书，对这个问题再度作了探讨。他认为苏格拉底同雅典民主政治的矛盾，有其更深刻的原因。对苏格拉

底的判决，主要不是因为他的学生成了雅典民主政治的反动者，就是说，不是政治报复，而是因为苏格底的思想从根本上是同民主政治的原则相悖的。

　　苏氏认为，统治一个社会的不应该是少数人，也不应该是多数人，而应该是"有智识的人"。也就是说，一个社会应该由那些知道如何管理的人来统治，由专家统治。基于这点，他不赞成所有现存政治制度，也包括雅典民主政制。这种思想，从根本上挖了民主政制的墙角。但是在雅典，任何人都有思想的自由，有言论的自由，因而这种思想仍然得到容忍。然而，到了公元前5世纪末，由于雅典民主政治连遭挫折，民主派因而对反民主的思想越来越感到害怕，丧失了从意识形态上同它抗衡的信心，而终于采取了这种从肉体上消灭对手的极端措施，演出了这一幕悲剧。

　　当然，这些都是后人的分析，在当时，人们也许确实相信，苏格拉底的过错是对神的不敬和对青年的毒害。至少陪审团里的501人中有大部分相信。阿里斯托芬在《云》一剧中，也把苏格拉底描述成一个蛊惑青年的能手，这可能起了推波助澜的作用。对当时人这样的想法，我们也不能一概否定。

◎ 苏格拉底银币

　　不过，即便如此，苏格拉底之死这个谜仍然没有完全解开。我们知道，苏格拉底有几次避免被判刑的机会，雅典的民众法庭的审判程序是这样的：在原告和被告各自陈述了自己的理由之后，由陪审团投票表决被告是否有罪。如果表决有罪，再由原告和被告各自提出对被告处以什么样的刑罚，然后陪审团再次投票，选择其中比较合适的刑罚。

　　而在苏格拉底被判有罪后，他本可以提出比较合适的刑罚，来博得陪审团的同情的，他可以提议流放，这是当时比较重的惩罚。但是苏格拉底并没有这么做，而是故意激怒了陪审团。他先提出自己应受的惩罚是由政府把他作为有益者供养起来，给他提供免费就餐（《申辩篇》），而后又提出罚款3000德拉克马（古希腊货币单位），但这也是一个较轻的惩罚，苏氏的弟子和朋友都

◎苏格拉底与柏拉图纪念馆

劝他提出一个重的罚款，并主动帮他出钱，但苏格拉底都拒绝了。即使是在判决以后，他也有机会逃走，而且他的弟子和朋友们都已经安排好了。但他再次拒绝了，他自己选择了死，为什么呢？这不能不说是一个谜。

无论怎么说，苏格拉底的死都是一个悲剧，或许是为思想而献身的缘故，他死得那么从容。服毒前他先送走了妻子和孩子，对他的弟子和朋友们说他不想看到他们哭泣的样子，想欣慰地去死。他的最后一句话是对他的弟子克里托说的："我还欠阿斯克里皮乌斯一只鸡，不要忘了还他。"

莫扎特死因之谜

莫扎特于 1756 年出生于奥地利的萨尔茨堡，小时候就显示出过人的音乐天赋，年轻时不断有天才作品问世，声名显赫。但是，正当他的事业发展如日中天时，他却在 1791 年 11 月 20 日突然病倒。他发高烧，全身疼痛不堪，手臂和大腿严重肿胀。此时，莫扎特还是非常清醒，但是，病痛使这位喜爱音乐的人，竟然承受不了鸟的叫声，让人将鸟笼搬出屋外。一周以后，莫扎特开始呕吐和腹泻，全身浮肿，以致连平时穿的衣服都嫌小。1791 年 12 月 5 日，这位天才的音乐家终于撒手人寰，

◎少年时的莫扎特

摆脱了痛苦。

在这之后的 200 多年间，人们在欣赏他的美妙作品的同时，常为他英年早逝而惋惜，对于他死因的猜测也一直持续不断，看法五花八门，其中包括脑出血、斑疹伤寒甚至被人毒死等。不仅自认颇有福尔摩斯才能的业余分析家常发奇想，而且业务精湛的医学专家也不甘寂寞，都有各自的理论。

很多人认为，莫扎特是遭谋杀致死的。至于凶手是谁，却有三种不同的看法。其一认为凶手是莫扎特的情

◎萨尔茨堡莫扎特故居

妇之夫——维也纳宫廷大臣豪弗梅尔特；其二认为是宫廷乐师安东尼奥·萨列里，据说此人嫉妒心极重；其三认为是莫扎特的弟子苏斯迈尔。在这三人之中，人们认为豪弗梅尔特的嫌疑最大，理由是此人在莫扎特下葬之日，用剃刀先杀其妻，然后割喉自杀。

早在莫扎特逝世 200 周年纪念时，一篇题为《〈安魂曲〉为谁安魂》的文章登载在 1991 年 12 月 30 日《参考消息》上，文章是一批好莱坞学者侦探考证的，他们是以罗宾斯·兰登和理查德·蒙德尔为代表的。文章列举了最新研究成果十项，他们叫作"莫扎特的鲜为人知的 10 件事"。10 件事大体上是这样的：（1）莫扎特去世时并非穷困潦倒；（2）莫扎特并不是一位被人遗忘的悲剧性人物；（3）莫扎特并没有被安葬在穷人的墓地里；（4）据记载，莫扎特死于"伤寒"，不过更可能是链球菌感染；（5）有关莫扎特被人毒害的谣言迅速传开

◎儿时的莫扎特在创作音乐

并且被流传下来；（6）据莫扎特家属说，是莫扎特自己首先提出中毒说法的；（7）早期的传记（1798年）认为，莫扎特相信自己将不久于人世，为自己创作了《安魂曲》；（8）来约他写《安魂曲》的"穿灰衣人"确有其人；（9）有关莫扎特把完成《安魂曲》的工作交给苏斯迈尔的故事，好像是莫扎特的妻子康斯坦策添枝加叶编出来的；（10）萨列里没有参与《安魂曲》的任何工作。

就当今的莫扎特死因研究来讲，由于普希金在萨列里死后第7年即1830年，就写出了悲剧《莫扎特和萨列里》。又过了67年，俄国作曲家里姆斯基·科萨科夫又创作了同名歌剧，而以英国剧作家彼得·谢弗的话剧《阿玛丢斯》为蓝本，由好莱坞导演米洛斯·福尔曼于1984年拍摄的电影《莫扎特》就比任何时候都肯定地明确了萨列里的凶手身份。

据1992年《文汇报》上的一篇文章《莫扎特的死因和他的入葬》中说的事实，与普希金的悲剧《莫扎特和萨列里》、英国剧作家彼得·谢弗的话剧《阿玛丢斯》的故事恰恰相反，萨列里是先发疯而后才宣布自己毒死莫扎特的。当时报纸曾作过如下报道："我们无限敬仰的萨列里完全丧失了理智。他在弥留之际喃喃呓语中，认为自己是莫扎特早死的罪人。有谁会相信这一派胡言，除了那个疯老头自己……"在贝多芬的用来交谈的便条本上，也清楚地发现"纯属无稽之谈"的评语。

2004年，在美国巴尔的摩举行的第六届美国临床病理会议上，针对莫扎特死因的论文不少。不过，这些结论可不是根据一些蛛丝马迹的线索得出的，而是专业味十足地研究莫扎特发病史人士的成果。其中，一名叫费茨格拉德的女博士的观点引人注目。她认为：莫扎特死于风湿热。

根据莫扎特的病情发展，费茨格拉德博士认为，"莫扎特显然死于风湿热"。

风湿热是一种由细菌引发的疾病，现在由于抗菌素技术的发展，这种病已极易治疗，但是，在200多年前，它是不治之症。费茨格拉德博士认为，可以将肺病和斑疹伤寒从莫扎特死因中排除，因为莫扎特没有这些疾病的典型症状。而风湿热导致了莫扎特的心脏功能衰退，全身浮肿，而且莫扎特突然厌烦鸟叫，也是风湿热病人的一个典型症状，任何一点动静都使病人烦躁不安。

美国西雅图一家医学研究中心的简·希斯奇曼医生指出，奥地利作曲家莫扎特当时很有可能是吃了被旋毛虫病菌感染而且未煮熟的猪肉。

从很多的研究成果来看，一些研究者还在莫扎特死亡之谜的误区中徘徊。就我们掌握的历史资料来看，莫扎特的尸体已经找不到了。那么很多人的研究成果是从何而来的，只能是根据一些历史资料来推断，所以这样的推断看来是没有根据的。200多年已经过去，常言又说"死无对证"，关于莫扎特的死因似乎也是见仁见智，很难得到一致的说法。

◎中年时的莫扎特

近年来，莫扎特研究有了新的突破性进展，考古学家发现了一些被认为是莫扎特亲属的遗骨。科学家将对这些遗骨和国际莫扎特基金会保存的头骨进行DNA测试，从而解开已有100年历史的莫扎特头骨之谜。

这次DNA测试工作的发起人、奥地利国家电视台科学专栏女记者比格尔·泽兹舒纳说，考古学家上星期在奥地利萨尔茨堡发现了一个被认为是莫扎特家属的坟墓，内有数具尸骨。因为此前有人声称持有莫扎特头骨。专门研究德国和奥地利名人骸骨的法医病理学家赫伯特·乌尔里希博士说，基金会收藏的莫扎特头骨肯定是假的。"我于1999年检查了那个头骨的石膏模型。头骨的所有特征显示，它是个女人的头骨。问题在于，没有人能够真正确定。因为

◎为纪念莫扎特而建造的萨尔斯堡莫扎特音乐学院

莫扎特是草草下葬的，没过多久就没有人知道他的墓究竟在哪儿了。要想找到答案，唯一的办法就是 DNA 测试。"

就我们今天所有的资料研究成果来看，它们大多是停留在经验阶段，距离科学的实证阶段的最后成果还有一段距离，但看得出来，正在向这个目标步步逼近，随着莫扎特家族遗骨的 DNA 检测，莫扎特死因之谜揭开谜底的日子不会太遥远了。

童话作家安徒生是王子吗

一、安徒生的身世

丹麦著名童话作家安徒生的童话故事，伴随着一代又一代的孩子，度过了美丽而快乐的童年。他的故事中多写到王子和公主美丽的爱情故事，人们不禁发出疑问，这是安徒生暗示其真实身份，还是他对幸福美好生活的向往的体现？安徒生是平民百姓之子还是一位落难的王子？丹麦人对权威传记作家们所提供的论证并不信服。

◎安徒生

据说，几百个丹麦人曾在 1990 年到作家故乡的欧登赛大学举行了听证会，研究安徒生的身世之谜。历史学家延斯·约根森写了《安徒生——一个真正的童话》一书，书中说安徒生其实是丹麦国王克里斯蒂安八世和劳尔维格伯爵夫人的私生子。在他出生后，王室把他安置在了安徒生父亲——一个欧登赛鞋匠的家中。做出这种推论的根据是，安徒生是一个鞋匠的儿子，身份低微，可是后来竟能进入上流社会，出入于皇家剧院，甚至在皇家宫殿阿马林堡宫居住了一段时间。如果没有王室的暗中帮助，这些是不可能的。

◎安徒生故居

◎晚年的安徒生

但是听证会上许多人感到疑惑的是，安徒生在《我一生中的童话》这本自传中为什么没有提到自己是王子，甚至连暗示也没有呢？有的学者找到了 180 年前教堂户口登记册的复印件，登记册上记录了 1805 年 4 月 2 日凌晨 1 时，鞋匠汉斯·安徒生与其妻子安娜喜得贵子，并且记录了安徒生是在 4 月 16 日那天接受洗礼的。

丹麦著名历史学家塔格·卡尔斯泰德为了解开安徒生出生之谜，翻阅了大量有关那时国王克里斯蒂安八世的档案，其中包括他的日记和信件。卡尔斯泰德称，档案表明国王和贵族或平民妇女偷情的问题是存在的，而且很有可能生下孩子。国王处理这种情况的方法就是给那个妇女写信，并寄去一笔钱用于抚养孩子。

关于安徒生的身世，的确有一些非同寻常的地方，也许可以作为传说的一些佐证。

安徒生尽管生长在一个下层社会家庭，但是他却像一个贵族的孩子那样体弱娇柔，而且家里收入虽然微薄，他却没有工作压力，还在全民实行教育免费制前就被家人送进了学校。他还在体罚普遍的当时，享受着学校里除了王室和上流社会的贵族外唯一不得体罚的学生的待遇。

在安徒生的童年及少年时期，学校的教育给他留下了阴影，他患有诵读困难症，并且被冷酷的校长禁止他一切的文学创作，而且他经常被人嘲笑他的姿态滑稽。但是这样的一个在贫寒家庭生活的笨拙的孩子，却成长为一个绅士。他的费用——是其他同学的两倍——是直接来自一个皇家基金，甚至公主给他送过零花钱。而议员乔纳森·柯林似乎永远关注他的一切，对他成长有着重要的影响。

在安徒生早年私下写给一位朋友的回忆录里，他曾描述道，他的母亲怎样经常让他到城堡和小他三岁的费雷茨王子（后来的费雷蒂里克七世国王）一起玩耍。这也是安徒生童年时的唯一玩伴——一个王子。而且安徒生在王子成为国王后的成年时期，二人的关系也十分好。安徒生在公开发表的文章中几乎绝口不提他的这些不一般的经历，但是这些事实确实存在。

安徒生是否是落难的王子也许并不重要，人们只不过是对这位作家想了解得更多一些罢了。重要的是他的作品享誉全世界，他创造的美妙的童话世界，给孩子们幼小的心灵增添了不可或缺的美丽回忆。

二、安徒生终身未娶

丹麦童话作家安徒生一生未结婚。在临终前不久，安徒生曾对一位年轻作家说："我为自己的童话付出了巨大的，甚至可以说是无可估量的代价。为了童话，我拒绝了自己的幸福，并且错过了这样的一段时间，那时，尽管想象是怎样有力、如何光辉，它还是应该让位给现实的。"

其实，安徒生一生中曾多次萌生过对女人的爱。从 25 岁到 38 岁，每两三年他都会爱上一个女人，她们在年龄上大都比安徒生小 10 岁到 15 岁，在出身、教养和外貌上都非同一般：有丹麦皇家剧院院长乔纳斯·科林的女儿、18 岁的路易丝·科林，著名丹麦物理学家奥斯特的女儿、16 岁的索菲·奥斯特，瑞典贵族巴克伯

◎安徒生雕像

◎安徒生纪念馆内风景画

爵的女儿、19 岁的玛蒂尔达，被誉为"瑞典的夜莺"的 23 岁的瑞典女歌唱家珍妮·林德等。

　　安徒生可以说是个浪漫的男人，可为什么这样一个男人却一直到老都孤身一人呢？安徒生自己认为，他之所以屡次恋爱而不成功，一是因为相貌丑；二是因为穷。他多次在日记和书信中说过"由于我长得丑并且将永远贫穷，谁也

◎珍妮·林德

不会愿意嫁给我"，"如果我长得漂亮，或者有钱，又有一小间像样的办公室，那我就会结婚成家"等意思相同的话。有些安徒生研究者认为，除以上两个原因之外，"他性格中根深蒂固的自卑感使他不可能与异性建立起恋爱关系，无论合法还是非法的"。

　　安徒生外貌丑陋是他同时代许多人的共识，但也有人持相反看法。著名丹麦演员卢兹维·菲斯特认为，安徒生少年时期长得不太好看，但

成年以后渐渐变得漂亮了。丹麦画家克里斯蒂安·萨特曼也在他的回忆录中说安徒生"有一副令人印象深刻的漂亮外表"。据此我们可以推测，至少在一部分人眼里，成年安徒生长相并不丑，相貌应该不是他恋爱的主要障碍。更何况，人们一般认为，在恋爱婚姻问题上，女人更看重男人的是才华和能力，相貌还在其次。

在金钱问题上，陀思妥耶夫斯基和他的女速记员恋爱、结婚时，并不比安徒生富有。从 30 岁起，安徒生就陆续出版小说《即兴诗人》和多部童话故事集，并得到出国旅游的政府补贴。所以，安徒生说因为穷而使他恋爱不成功并没有说服力。至于自卑感，虽然他出身社会下层，但他在青年时期成名，既而名气大振，并逐渐有钱，此时还说"自卑感使他不可能和异性建立起恋爱关系"，恐怕就有些牵强了。

安徒生传记《从丑小鸭到童话大师——安徒生的生平及著作》中记录的安徒生童年时期的一次遭遇，很可能是影响安徒生恋爱成功并使他终身未娶的主

◎安徒生蜡像

◎安徒生墓碑

要原因。

作者写道："另一个使他迷恋的地方是方济各会济贫院的老人收容所，他敬爱的祖母就在那里干活。她焚烧落叶枯草时，有时把孙子带进围墙里面去，在那里不伤害人的精神病患者可以自由走动。在这样近的距离看见那些精神失常的人，使他既兴奋又害怕。有一次，他甚至冒险走进通往关着危险病人房间的走廊。透过一扇门上的裂缝，他看见一个一丝不挂的女人坐在一堆草上，头发散乱地披在双肩上，在大声唱着什么。突然，她站起来，随着一声狂叫冲向他正在后面观望的那扇门。门是锁着的，但送食物的小窗突然打开，从中伸出她的那只手臂，伸向那个受惊的小男孩。等护理病人的护士赶来时，他已吓得半死。"

这个事件绝非无足轻重，它对安徒生的一生有着巨大、深刻而久远的影响。那个肮脏而丑陋的老女人的裸体的可怕印象，对童年安徒生的心灵形成强大冲击，并成为在那之后安徒生心理上一种强大的力量，潜抑在他的潜意识里，无意识地控制着他对女人的感受。而在安徒生的潜意识里，那个裸体疯女人的可怕形象就是一切成年女人的肉体替代物。

安徒生这部自传写于他 27 岁，书中提到的"对超过 20 岁的女孩总会有一种难以名状的厌恶感，和她们在一起，我真的会发抖"应该是他童年和少年时期的事。可是成年以后，他潜意识里那个"一切成年女人的肉体的替代物——可怕的裸体疯女人"的记忆仍然存在，并且成为他惧怕和任何女人进行肉体接触的强大的无意识力量。这才是安徒生恋爱总也不成功的真正原因——在追求女人的同时，他又总是下意识地躲避女人。

贝多芬猝死之谜

　　天才似乎总要受到更多的磨难，世界音乐史上最伟大的音乐家贝多芬便是这样。他一生与病痛为伴，饱受折磨，尤其是耳朵失聪几乎断送了他的音乐前程。由此他的精神支柱坍塌了，甚至曾一度绝望得企图自杀。终于，这颗音乐巨星于 1827 年 3 月 26 日下午 5 时 30 分陨落，给世人留下无限遗憾。

　　关于贝多芬的死因，人们大都认为：这位作曲家的死是由严重酗酒而引起肝病所致，他在 55 岁时发现患有严重肝病。

◎贝多芬

但是英国尤维尔区医院风湿科顾问医师帕尔福曼对这种看法提出了异议。他认为折磨这位作曲家的许多病痛是一种少见的风湿病引起的，这种少见的风湿病会使身体的每个器官发炎，并逐渐侵袭全身。贝多芬禁不住要自杀，其主因应是这种病痛非常剧烈。最后，贝多芬被这种风湿病折磨致死。他还认为，如果用现代的类固醇给他治疗，给他做肝脏移植手术，贝多芬可以多活许多年，足以让他完成"丢失"的第十首交响曲。

　　法国著名作家阿尔方斯·卡尔是贝多芬的同时代人，他的《在椴树下》一书为贝多

◎少年时的贝多芬

芬之死的原因和具体情况提供了新的线索，并详细介绍了作者自己的观点。他写道：

作曲家死前不久的一天，他的侄子来信说自己在维也纳被牵连进一桩麻烦的事件中，只有伯父出面才可以帮他脱离困境。贝多芬接到信后立即徒步上路，夜宿于一家农舍。到了夜里，贝多芬感到浑身发烧，疼痛难忍。他辗转反侧，难以入睡，于是爬起身，赤着双脚到田野里徜徉。由于逗留时间太长，夜寒侵骨，回来时他已冷得发抖。主人从维也纳请来一位医生为其诊治，最后医生确诊为肺积水。医生说他已危在旦夕。

得知贝多芬病重的消息后，德国著名钢琴演奏家和作曲家胡梅尔来看他，但贝多芬已无法与其交谈，他仅用饱含感激的目光凝视着他。胡梅尔通过听音筒向他表达他的悲伤之情。贝多芬以听音筒依稀听见几句大声地喊叫之后，顿觉畅然，他两眼熠熠生辉，对老朋友说："胡梅尔，我果真是个天才吗？"说

◎贝多芬故居

◎贝多芬雕像

完后，他张大嘴，两眼直勾勾地瞪着胡梅尔，溘然长逝。

另外，还有一些研究专家试图从贝多芬的家庭关系上来揭开作曲家的死亡之谜。我国学者赵鑫珊在《贝多芬之魂》一书中认为：

贝多芬侄儿卡尔长期的烦扰，大大损害了他的健康，给他的精神带来了莫大的痛苦，导致他过早地离开了人世。他的侄子在别人面前称呼贝多芬"老傻瓜"，而且只要人家看到他同这个"老傻瓜"在一起，他就觉得丢脸。只要贝多芬对

◎贝多芬的葬礼

他稍加严格，言语过重，这个无赖就会用自杀来威胁。但是尽管如此，贝多芬对他慈父般的爱还是有增无减，并且一再容忍他。

1826年12月1日，卡尔不听贝多芬之劝，硬要去军队服役，贝多芬只好陪他上路。就是在旅途中贝多芬得了严重风寒，从此一病不起。他回到维也纳时，完全是个去日无多的老人。可是伯父卧床不起的消息传到卡尔那儿后，他竟无动于衷，依然自娱自乐。严重的肺炎过后，接着便是肝硬化，最后引起水肿。有的学者非常明确地说：实际上，贝多芬是被侄儿气死或逼死的。

贝多芬真的是死于酗酒所致的肝病吗？亦有人说他的耳聋和他在爱情上的失意使得他的身心遭受极大的创伤，由此而抑郁成疾。有关贝多芬的死因我们现在去探究似已无必要，我们对他更多的只是崇敬和景仰罢了。

凡·高之死

◎文森特·凡·高

文森特·凡·高（1853—1890年），这位荷兰后期印象派大画家，西方现代绘画艺术的杰出代表，以其独树一帜的画风被认为是世界著名的画家之一，声誉至今不衰。据统计，在近几年世界各地举行的名画拍卖交易中，售价在1000万美元以上者共11幅，而其中凡·高的作品就占了4幅，其中《鸢尾花》和《向日葵》曾分别以5330万美元和3985万美元高居榜首。然而，这位画坛巨匠生前却默默无闻，一生坎坷，其作品和成就也不被世人理解和接受，以至于这位天才艺术家在37岁时便悲惨地离开了人世。

对于凡·高的悲惨命运和自杀动机，人们早就表现出了极大的关注。近几年来，国际上也掀起了对凡·高死因的探寻热潮，使对凡·高死因的探讨成为

◎凡·高《鸢尾花》　　　　　　　◎凡·高《向日葵》

一个国际性的问题。目前，关于凡·高自杀原因的争论，主要有以下几种推测：

一、孤独抑郁而死

有人认为凡·高死于难以忍受的孤独。凡·高自 11 岁便被送到外地寄宿学校学习。也许从那时起，他就有了一种被遗弃的感觉。在学校里因为他的独来独往，同学们对他敬而远之，这导致了日后凡·高不能友好地与他人相处，包括家人在内。这种孤独感又因他爱情上的失意而雪上加霜。从凡·高的传记、自画像等一些材料来看，他相貌丑陋、秉性孤僻、处世怪异、急躁易怒，这就难讨人欢心。在短短的一生中，凡·高也曾有过几个恋人，但均一一告吹。迁居奥维尔后，凡·高又结识并爱上了加歇医生之女玛格丽特，但这场恋爱最终也没有结果。这样，在性情孤僻的凡·高看来，除了艺术，他再也得不到人间的一点关爱。

二、神经错乱而死

绝大多数有关凡·高的著述均谓画家"死于精神病"。权威的《不列颠百科全书》"凡·高"辞条说画家"最后因精神绝望而自杀"。但这一说法并非无懈可击。如德国新闻周刊《明镜》就提出了异议：凡·高自杀数月前所作的一幅《自画像》，逼真地勾勒出一个目光呆滞、可怖的疯人形象。该画运用颤动的线条，层次分明地表明了画面主题。文章认为，这幅画绝非出自一个精神病人之手。文章还指出，凡·高自杀前约半年的时间里神志清醒，并没有犯过精神病。由此可见，凡·高因精神病发作而自杀的说法，没有太大的说服力。

三、贫困潦倒而死

也有人认为凡·高死亡的根本缘由在于经济和社会原因。凡·高一生穷困潦倒，在最后的 10 年里，他只能依靠弟弟泰奥维持生计。清苦的生活使他只能把仅有的一点儿钱用于绘画。他曾经 4 天之内仅靠喝咖啡度日，以致体力不支，牙齿断裂。令人心酸的是，凡·高请不起模特儿，便买了一面镜子，自己充任模特儿。因此作品中的自画像之多，在艺术界罕见。

另外还有其他种种说法，如有人认为凡·高自杀是由于他染上了梅毒症，最后导致精神崩溃，等等。

总之，关于凡·高之死，由于流传着许多无法稽考的逸事，加上研究者往往抓其一点不计其余，故而问题愈加复杂化了。

毕加索与他的情人们

毕加索热爱艺术，热爱异性，对于异性，他热爱时像一团火，一旦不爱了，他就是一块冰。

据研究毕加索的专家考证，毕加索一生结婚两次，此外至少有五位情人。在这七位女性中，一位病死，一位精神崩溃，两位自杀。毕加索的所有女人中，似乎只有那些主动逃脱他"魔掌"的，才会重拾自我。

1946 年后，65 岁的毕加索与 24 岁的女画家弗朗索瓦兹生活在了一起。几年后，弗朗索瓦兹终于"对和一座历史纪念碑一起生活感到厌倦"，然后主动离开了。多年后，她这样评价毕加索："对于毕加索来说，给女人们画像就是诱惑女人的一种方式，其他女人是通过她们的肖像来认同自己的，而一旦他歇手不画她们了，她们的一切也就完了。"

在毕加索的所有女人中，被毁得最彻底的要算女画家兼摄影师多拉·玛尔，她的美即使不通过毕加索也会成为一种永恒。1936年毕加索初次遇到她时惊为天人，那一年毕加索54岁，多拉不到30岁。当时毕加索正处在艺术枯竭期，这个美丽的女人给他带来

◎毕加索

了新的灵感和活力，但她一样摆脱不了被抛弃的命运。

就是在这期间，毕加索创作了他的那幅举世震惊的《格尔尼卡》，评论家认为这幅画"虽然没有出现飞机和炸弹，但却聚集了残暴、痛苦、绝望和恐怖的全部意义"。多拉用她的相机记录了这幅画创作的全部过程。多年以后，毕

◎毕加索的画作——《格尔尼卡》

加索就这幅画回答记者提问时说："在那里，公牛代表暴力，马代表人民……"

一个像毕加索这样对世界充满博爱的人（他画过最著名的和平鸽），为什么会对他曾经爱过的女人毫无怜悯之心？真是令人匪夷所思。

列夫·托尔斯泰晚年离家出走之谜

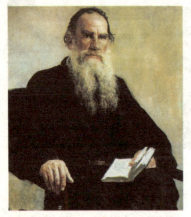

◎列夫·托尔斯泰

《战争与和平》的作者列夫·托尔斯泰是俄国著名的大文豪，其一生创作颇丰。他的作品对欧洲文学影响极深，在世界文学史上也占有一席之地。这位享有世界声誉的作家晚年却做了一件让世人皆惊的事，即离家出走。托尔斯泰为何要离家出走，这还得从他晚年的思想变化及其生活说起。

晚年的托尔斯泰开始笃信宗教，宗教观、社会观都发生了很大的变化。73岁时，托尔斯泰回到了故乡雅斯纳雅·波良纳庄园。然而晚年的托尔斯泰对他庄园的看法也发生了许多变化。他开始习惯于关注在他的农田上辛苦劳作的农民们，这些贫苦可怜的农民让托尔斯泰感到不安与自责。

为了减轻自己的内疚感，托尔斯泰开始改变自己的生活方式，甚至开始自我折磨：他变得厌恶人情世故和亲友间的应酬，也拒绝出席贵族的宴会。他经常戴着草帽，穿上旧衣服，脚踏树皮鞋，在农田里干活。到了后来，托尔斯泰想要

◎《战争与和平》书影

◎列夫·托尔斯泰故居

　　解放他的那些农民，把田地分给他们。同时，他也打算把他全部著作的版权，
无偿地献给社会。

　　托尔斯泰不顾妻子反对，最终公开发表声明：从 1881 年以后他出版的任
何作品，可以由任何人免费出版。在这样一个阶级社会里，托尔斯泰的朋友亲
人都不理解他的社会观、宗教观。在家里，家人不时与他发生冲突；在社会上，
许多报刊攻击他；科学界、宗教界、沙皇政府都表示对他不满。

　　正在作家受到了孤立与打击之时，切尔特科夫出现了，他用花言巧语取得
了作家的信任，在作家生命的最后 9 年，切尔特科夫在老人众多家人、随从者
中地位最特殊，对老人的思想也影响最大。其实这个家伙的真正目的，是要夺
取托尔斯泰那些作品的继承权，尽管作家自己的许多朋友都知道切尔特科夫的
险恶用心，但他们都没有敢直接告诉托尔斯泰。

　　本来，托尔斯泰的日记都是由妻子保管的。但由于托尔斯泰与妻子产生了

◎列夫·托尔斯泰与妻子合影

矛盾，再加上切尔特科夫的花言巧语，托尔斯泰把他最后 10 年的全部日记都交给了切尔特科夫这个骗子。

妻子索菲亚也敏感地猜到了发生的事情，她对此非常痛苦，脾气也越来越坏，把怒气全都撒在了托尔斯泰的身上。

1910 年 8 月 30 日晚，她又和托尔斯泰发生了激烈的争吵，她甚至愚蠢地说她并不是痛恨切尔特科夫，而是不能原谅托尔斯泰。对于妻子的愤怒与谴责，托尔斯泰采取的是宽容谅解的态度，因为他在晚年一直奉行"不抵抗主义"，他总是把错误归到自己身上，而尽量原谅别人的种种不对。在托尔斯泰的最后一段岁月里，他的生活并不美好，他的周围充满了责难。为了能够平和地过完后面的日子，托尔斯泰开始打算离家出走，以躲避这些纷争。

10 月 28 日还不到早晨 5 点，托尔斯泰就带着私人医生离开了波良纳。在火车上，托尔斯泰病倒了。寒冷的天气使他不停咳嗽，并开始发高烧。他们在阿斯塔波瓦车站下了车，7 天后他就病逝在这个荒凉的小站里。

有关托尔斯泰离家出走一事，很多专家和学者曾对此进行过研究，许多复杂的因素纠合在一起促使这位巨匠做出了令人震惊之举，但这并不会影响这位文学巨匠在我们心中的地位。

普希金为何要与人决斗

普希金是俄罗斯伟大的诗人、小说家，被誉为"俄国文学之父""俄国诗歌的太阳"。他的作品除了诗歌以外，主要还有长篇小说《上尉的女儿》《普加乔夫史》，诗体小说《叶甫根尼·奥涅金》，中篇小说《杜布罗夫斯基》《别尔金小说集》等。普希金在创作活动上备受沙皇政府迫害。他的创作对俄国文学和语言的发展和影响很大，被誉为现代标准俄语的创始人。

　　1837 年 1 月 29 日，被誉为"俄罗斯诗歌的太阳"的伟大诗人普希金在与丹特士决斗后死去。此后，俄国社会盛传，这是沙皇尼古拉一世蓄意制造的杀害案件，即沙皇故意听任丹特士激怒普希金并迫使普希金与之决斗，从而借丹特士除掉他们所仇恨的普希金。

　　俄罗斯国家军事历史档案馆发现一批档案，进一步揭开了关于普希金死亡的内幕。这卷名为《御览军事司法案件报告：1837 年 2 月到 4 月》的档案，是 1837 年俄国总检察院、最高军事法庭呈送沙皇尼古拉一世关于普希金与丹特士决斗事

◎普希金

件的材料。新发现的档案材料中，正有涉及普希金决斗案件的决议等材料。这些材料能够进一步佐证，在诗人普希金的死亡事件中，沙皇宫廷扮演了极为卑劣的角色。

　　1837 年 1 月 27 日，这是一个异常严寒的日子，在彼得堡郊外的小黑河畔，"俄罗斯诗歌的太阳"——普希金在这里同贵族丹特士进行一场中世纪式的决斗。27 日下午 4 时，普希金在一家甜食店里喝完了他一生中最后一杯咖啡，然后在朋友丹扎斯的陪同下，走出店门，乘上雪橇来到小黑河畔。

　　这一天，天空布满了阴霾，在凛冽的寒风中，普希金与丹特士选择以中世纪式决斗来了结他们之间的恩怨。在丹扎斯的公证下，丹特士获得了首先开枪

的权利，死一般的静穆下，一声清脆的枪声响起，曾经胜过一次决斗的普希金这次没有那么幸运。结果普希金腹部中弹，两天后，"俄罗斯诗歌的太阳"从此陨落，年仅38岁。

普希金与丹特士之间的恩怨，源于普希金的妻子娜塔丽娅·普希金娜。

娜塔丽娅比普希金小13岁，而且容貌出众。1831年2月18日，普希金与娜塔丽娅成婚。随后，这对恋人共同生活了6年，并先后生了5个孩子。但是法国青年丹特士的出现，破坏了普希金家庭的安宁。

◎普希金决斗雕像

丹特士外表健壮，风流潇洒，但被认为是个好色之徒。1835年6月17日，普希金夫妇在偶然间遇到丹特士。随后，在沙皇的支持下，丹特士开始疯狂追求娜塔丽娅，一时间，娜塔丽娅与丹特士之间的流言在当时俄国上层社会流传开来。

为了自己的妻子，也为了自己的荣誉，普希金最终选择了决斗的方式来了结同丹特士之间的恩怨，并为此牺牲了自己年轻的生命。

1836年11月，普希金和他的朋友们同时收到一封用法文书写的匿名信——这封被命名为"绿帽子"证书的信件写道："荣誉勋章协会、尊贵的绿帽子和骑士勋章协会在会长 SEDL 大勋章获得者纳雷什金主持下召开了会议，大会一致同意任命亚历山大·普

◎娜塔丽娅

希金为该协会副会长和功勋史学家。"
这种羞辱性的匿名信深深地激怒了普希
金。经过调查，该侮辱信是丹特士的义
父、荷兰驻俄国大使盖克恩男爵策划的。

　　1837年1月26日，就在决斗前一天，
普希金曾满怀怨恨，写信给盖克恩，对
他质问和谩骂："男爵先生！请允许我
简单陈述一下发生的一切。贵公子的品
行我早就了解……而阁下您自己的行为
也并非得体。身为荷兰王国的代表，作
为父亲，您竟然给贵公子拉皮条。他的
所有行迹（相当让人感到难为情）似乎

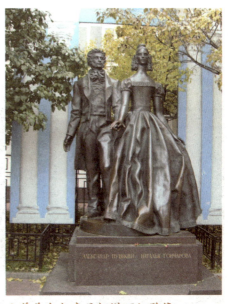

◎普希金与妻子娜塔丽娅雕像

都得到了您的指示……您就像一个老淫棍一样，无处不在地尾随我妻子，对她
（普希金的妻子娜塔丽娅）说您的私生子（或所谓的儿子）爱她。他染上花柳病、
待在家里时，您却说，他就要因为爱我的妻子而死掉了。您对她说：'请把我
的儿子还给我……'我不想再让我妻子听您（作为丹特士父亲）的规劝，也不
能容忍贵公子在自己做出丑恶行径之后还敢去找我妻子；此外，我也不希望他
再说粗野的俏皮话，装作忠诚和感情不幸的样子——而他实际上是一个混蛋、
下流坯。男爵先生，我不得不请求您，结束这一切勾当……我将感到三生有幸。
您忠实、驯顺的仆人，亚历山大·普希金。"

　　随即，盖克恩鼓动义子丹特士与普希金决斗。1837年1月27日，普希金
在与丹特士的决斗中腹部受重伤，于1月29日下午去世。

　　决斗事件之后，总检察院审理该案件，同时，也收集了各级军官的意见。
军事审判委员会认定丹特士中尉和丹扎斯中校（当时，按照决斗的惯例，普希
金让朋友丹扎斯作为决斗的见证人）有罪：丹特士参与同士官普希金的决斗，
并用手枪射击造成普希金受伤，很快他就因伤死去；而丹扎斯在决斗时在场。
军事审判委员会依法判丹特士和丹扎斯绞刑。

◎普希金雕像

虽然军事审判委员会的成员对如何审判决斗相关人员意见不一，但总检察院认为，丹特士召普希金决斗，并给他造成致命伤，应该接受惩罚。尽管普希金给盖克恩写了一封带有侮辱性言辞的信，但那是被丹特士破坏其家庭安宁的行为激怒的。丹特士自己也承认，他曾送书、戏票给娜塔丽娅，并附有便条，这种行为是不值得尊重的。

总检察院判定，丹特士因挑起决斗和谋杀，剥夺其官职和贵族称号，降为列兵，到军中服役；丹扎斯的罪过在于非法地同意接受决斗，未加制止，总检察院念他勤恳服役多年，道德良好，免于惩罚，软禁两个月后恢复原职。普希金自身的犯罪行为应与丹特士一样受到惩罚，但因其死亡，就免于惩罚。

沙皇在普希金的案件中做出如下批示："准此（总检察院所作结论），但赫克恩（丹特士）并非俄罗斯臣民，应扣留其军官证，由宪兵将其驱逐出境。"

近年来，俄罗斯国家军事历史档案馆发现一批档案，在这批170年来没人碰过的档案材料中，正有涉及普希金决斗案件的决议等材料。俄罗斯国家军事历史档案馆负责人弗拉基米尔·波诺马廖夫透露："尼古拉一世知道整个事件的全过程。宫廷看到很多事情，做了很多事情，也对很多事情做出估计。难怪整个案件的调查审理只花了6个星期，而通常要好几个月或花一年。当时，社会各界人心惶惶，莱蒙托夫的著名诗作《诗人之死》已经以手抄本的形式流传开来。当诗人普希金还活着的时候，沙皇就命令'军事法庭要一视同仁地审理'涉案的丹特士和普希金了。"

川端康成自杀之谜

1972 年 4 月 16 日下午 3 时，继泰戈尔之后的亚洲第二个诺贝尔文学奖获得者、日本著名作家——川端康成，再次来到了日本逗子市玛丽娜公寓。公寓四楼的 417 号房间，被他当作工作间使用，每个星期他都会来这里一两次。9 时 50 分左右，有人发现从川端康成的房间里传出了煤气味。公寓管理员海老沼贞雄等人推开门，一股浓烈的煤气味迎面扑来，进屋检查后，发现川端康成躺在卫生间的地板上。很快，得到消息的川端康成的主治医生本田正平赶到，尽管作家的脉搏已停止跳动，可本田医师还是做了吸氧处理，希望出现奇迹，但无济于事。

◎川端康成

现场验尸法医一色忠雄后来对《女性自身》杂志的记者谈了他到达现场时的情况："川端康成躺在地板上，头朝瓷砖洗面池，右侧在下。他鼻子里插着橡胶氧气管。经检查尸斑、瞳孔、有无皮下出血等情况，很明显是吸入煤气自杀。背部因淤血而变得鲜红，这是煤气中毒死者特有的症状。据我现场验尸，死了约 4 个小时，就是说，死于下午 6 时左右。死者表情平静，甚至给人以圆满的寿终正寝之感。"

由于川端康成是日本第一位获得诺贝尔文学奖的作家，其作品在日本有着广泛的影响，因此，他的自杀给人们带来了巨大的震动和惊异。人们纷纷猜测：

川端康成到底出于什么动机才会自杀的呢？关于他自杀的原因和动机，人们主要有以下几种说法：

一、死于安眠药中毒说

经常为川端康成理发的理发师猪濑清史提供了川端死前一周即 4 月 10 日的一个细节："那天去为川端康成先生理发。当时他躺在床上，不断地挪动身体、拂掉头发等，显得焦躁不安。我说：'你太累了吧。'他说：'我已经四宿没睡觉了。'"这样一来，安眠药的问题就不能不引起人们的注意。川端康成开始服用安眠药是在第一高等学校学习的时候。他年轻时就睡觉轻，神经敏感，不得不服用安眠药。结婚以后，这个习惯也没有改变。

川端康成在《安眠药》这篇随笔中写道："昭和二十九年（1954 年）在报上发表连载小说《东京人》，前后共 500 多天时间。从那时起，染上了连日服用安眠药的恶习。"那么，服用安眠药会出现哪些可怕的症状呢？川端康成的夫人秀子后来在回忆录中写道："因为过多服用安眠药，到了白天，还有药效，曾有几次迷迷糊糊地撞在柱子上。他一生也没有能够离开安眠药。"

根据川端康成的这些安眠药中毒症状，日本一些学者和研究人员认为，关于川端康成的自杀，是否可以这样推测：他确是煤气自杀，但他打开煤气栓时，会不会处于上述神志不清的状态之中呢？也许，4 月 16 日，川端康成离开家来到逗子市玛丽娜高级公寓后，马上服用了安眠药，而且，在半睡半醒之中，无意识地打开了煤气栓。如果这一推断成立，就很难说川端康成是否真的有意自杀了。当然，确实是自己动手打开了煤气栓，就形式而论，无疑应算自杀。但如果打开煤气栓时处于半睡半醒之中，自己并没意识到这一动作，那么，与其说是自杀，莫如称之为事故更合适。

二、死于摆脱病魔缠身说

川端康成自杀的第二天，《朝日新闻》刊登了一篇报道说："他死后已经过去一夜，但他的亲朋好友们似乎仍然满腹狐疑，认为原因在于病魔缠身的人猜想说或许是得了癌症。"

川端康成在自杀前不久的3月7日到15日，患盲肠炎在镰仓市佐助一丁目的道体外科医院住院动手术，当时医院规定一律禁止探望。因此，有人以为川端康成怀疑自己得了癌症，即以自杀进行摆脱。但为川端康成做手术的道体枯二郎却认为这"完全是无稽之谈"，而且从其他最近接触过川端康成的人口中也未能得到他患有某种疾病的证词。

◎川端康成

川端康成的主治医生本田正平也在《朝日新闻》上撰文认为："我为川端康成先生看病已有二三十年。他除胆石症外，没得过十分值得一提的病。只是上月中旬患急性盲肠炎，手术后恢复很快，精神很好，完全无从判断他为什么自杀。"

三、死于思想负担过重说

1968年川端康成获得诺贝尔文学奖后，日本举国上下为他欣喜若狂，不仅报端以大量的篇幅报道了这件事，而且裕仁天皇通过宫廷的一位高级官员以及佐藤首相亲自打电话向他表示祝贺。川端康成本人在接受日本和外国记者采访时，也掩饰不住内心的极度兴奋。他说："我很幸运。我之所以能得奖，主要归功于日本文坛，其次归功于我的作品的翻译者。我很高兴地看到，人们在我的书中所找到的日本文学的传统风格，已经被西方世界所了解、所接受了。"他的这番话，显然是对瑞典文学院给予他的褒奖，流露出了得意扬扬的心情。这以后，川端康成未能再写出传世之作，作为社会名人的川端康成因而思想负担过重，只能以自杀了事。

四、死于精神崩溃和文学危机说

我国不少学者和专家指出，川端康成在 50 年的文学生涯中，一贯坚持唯美主义文学方向。概括来说，他的创作特色是以虚无思想为基础，以虚幻、悲哀和颓废 3 个因素构成，主要反映与悲哀相连的爱与死的主题，描写颓废的情绪、刹那间的感觉和受压抑的官能，来反映资产阶级腐朽没落的丑恶生活。后期作品中，这种颓废主义更加恶性发展，多从病态心理和色情描写出发。

川端康成表现在文学创作上的堕落有其深刻的政治根源。他除了早期组织"新感觉派"，参与反动的文化围剿外，在日本帝国主义发动侵华战争期间，还充当日本帝国主义侵略军的新闻记者，窜到中国进行罪恶活动。日本投降后，他为日本帝国主义的灭亡大唱挽歌，在《悼念岛木健作》《武田麟太郎和岛木健作》等文章中写道：日本投降后，他的"忧伤""已沁入骨髓"，他要用文学创作活动，使日本人去"感觉什么是真正的悲剧和不幸"，流露出对日本战败投降的惋惜和无法挽回的悲伤。

学者们着重指出："川端康成在政治上的堕落必将招致精神上的崩溃和文学上的危机，到头来不得不在 1972 年走上自杀的道路。"

五、死于三岛由纪夫自杀打击说

日本有的学者和文学家在推测川端康成的自杀动机时，认为三岛由纪夫的自杀最终导致川端康成走上了绝路。

1946 年，三岛由川端康成推荐，发表了短篇小说《烟草》，从此正式进入文坛。其作品前期唯美主义色彩较浓，大多描写病态心理和色情故事，反映了战后初期颓废腐朽的社会风气；后期则

◎搬运川端康成遗体

主要有意识地利用小说为复活军国主义服务。这些都和川端康成的主张极为相近。因此，当 1970 年 11 月三岛用切腹自杀来煽动军队搞政变失败身亡后，川端康成亲自主持"葬礼"，扬言三岛精神仍"活在许多人心中，并将载入史册"。由于打击太大，致使川端康成也走上了绝路。

六、死于支持秦野竞选失败说

这也是日本不少学者的看法。川端康成曾公开支持警察头子秦野竞选东京都知事。川端康成原以为以自己的地位和名望，秦野竞选定能成功，岂料却以失败告终，川端康成受不了这个打击，只能自杀寻求解脱。

由于川端康成的政治主张和创作活动较为复杂，其作品在日本影响深远，而且死前他又没留下可供分析、研究的只言片语，这无疑为人们探究他自杀的动机带来了一定的难度。

茜茜公主与诗人海涅

真实的茜茜公主（1837—1898 年）是巴伐利亚王国的马克西米里安·约瑟夫公爵（简称马克斯公爵）的女儿，即伊丽莎白公主，昵称"茜茜"。此外，茜茜公主也是欧洲 20 世纪 50 年代拍摄的电影《茜茜》以及一部怀旧动漫《茜茜》的主人公。

茜茜一生热爱德国大诗人海涅（1797—1856 年），甚至超过一个文学爱好者的感情。她能够背诵海涅的长篇诗作，并潜心研究过诗人的生平。她坚信和这位 1856 年死于巴黎的诗人存在着心灵的沟通，她给小女

◎茜茜公主

儿的信中认定："大师无时无刻不和我在一起。"

茜茜和海涅的这种神交，甚至到了诡秘的程度。她曾向小女儿讲述过海涅显灵的情景，而且发誓说，这一切都是真实的，海涅的出现完全是在她清醒的时候。她说，当海涅站到她身边，她就产生了"一种奇特而舒适的感觉"。在《致我的大师，3月5日》的诗中，表达了她热烈的情感。

茜茜收藏海涅的各种版本、各种类型的肖像。她拜访过海涅在汉堡的妹妹，瞻仰过海涅在巴黎的墓地。她对海涅诗作的熟悉程度，

◎诗人海涅　使一些人都感到意外。她甚至和海涅有着共同的好恶。由于海涅曾在一首诗中赞扬了一位希伯来诗人，茜茜竟突然向这方面的学者去请教。由于没有事先通知，让那位学者措手不及，狼狈不堪。茜茜作为海涅专家的名声很大，甚至时而有人前来请教。

茜茜按照海涅的诗作模式，抨击人类的各种丑陋行为。她把贵族称为"无所事事和寻欢作乐"的群体，把他们放在贫苦劳动人民的艰难生活面前加以对比。茜茜和海涅一样也对君主制提出了质疑，并自命为共和派的一员。

茜茜在她的诗歌中显现出对大自然的悟性，其诗歌主题大多是对大自然的赞颂。她的头两本诗集就采用了和海涅同样的标题《北海之歌》和《冬之歌》。她说是大师海涅引导她进入了大自然的奥秘。

在科孚岛海边的一个山丘上，茜茜让人修建了一座行宫，庭院里建立了一座海涅纪念神庙，其中摆放着丹麦雕塑家哈塞尔斯的雕塑作品：病体缠身的老年海涅，疲惫不堪，头部低垂。

茜茜公主为什么如此热爱大诗人海涅，没有人知道答案。